U0957316

小学教师教学的策略与技巧

PRIMARY TEACHER'S HANDBOOK

当代课堂教学系列

DANGDAI KETANG JIAOXUE XILIE

当代课堂教学系列

Lyn Overall & Margaret Sangster

小学教师教学的策略与技巧

［英］林恩·奥弗拉　玛格丽特·桑斯特　著
余清秀　吴正群　译

PRIMARY TEACHER'S HANDBOOK

四川出版集团
四川教育出版社
·成　都·

四川省版权局著作权合同登记号：图进字 21-2008-011 号

The Work Is Published by Arrangement with
The Continuum International Publishing Group

图书在版编目（CIP）数据

小学教师教学的策略与技巧/(英）奥弗拉（Overall, L.），（英）桑斯特（Sangster, M.）著；余清秀，吴正群译. —成都：四川教育出版社，2008.8

ISBN 978-7-5408-4965-8

Ⅰ.小… Ⅱ.①奥… ②桑… ③余… ④吴… Ⅲ.小学-教学法 Ⅳ.G622.4

中国版本图书馆 CIP 数据核字（2008）第 126419 号

责任编辑　陶明远　赵　文
封面设计　何一兵
版式设计　王　凌
责任校对　史敏燕
责任印制　黄　萍
出版发行　四川出版集团　四川教育出版社
　　　　　地　　址　成都市槐树街 2 号
　　　　　邮政编码　610031
　　　　　网　　址　www.chuanjiaoshe.com
印　　刷　四川锦祝印务有限公司
版　　次　2008 年 8 月第 1 版
印　　次　2008 年 8 月第 1 次印刷
成品规格　168mm×240mm
印　　张　8.5　插页　3
字　　数　144 千
定　　价　18.00 元

如发现印装质量问题，请与本社调换。电话：（028）86259359
编辑部电话：（028）86259381　邮购电话：（028）86259694

目录

序言

本书旨在阐述如何通过自我评价过程，采取相应的措施以培养优秀教师。

优秀的教师总是为学生和自己设定雄心勃勃的目标，并努力去实现。他们通常采用常见的、可量化的具体措施，同时也强调学校和教师应为学生创造不同的学习环境，提升学生自身价值。

——海·麦克博

因为涉及教学决策的因素很多，所以即使是优秀教师也很难定义什么样的教学是成功的，更无法清楚地解释自己是如何进行课堂管理的。优秀的教学成果，是他们的辛勤工作、渊博学识、高尚人格、无私奉献精神和高超的教学技能综合作用的结果。其中，渊博的专业知识和高超教学技巧需要教师多年的努力探索。编者从对教师和学生的调查研究中发现，自我评价是帮助教师提高教学水平的有效方法。因此，本书分析和阐述了相关的教学策略及实施这些策略的模式，这些策略和模式已得到英国教师职业标准认可，在教学中被广泛地使用。

在这个日新月异的社会中，绝大多数职业都要求职员与时俱进，更新知识，不断提高专业水平，教学工作也不例外，这是一种最富挑战性的职业。教师经常担心自己的学识不能胜任教学工作。他们面临着层出不穷的新情况：学生总是在挑战教师的耐心与智慧；新教学方法和新技术也向教师提出了挑战等。教师一生都会感到“我需要学习更多的知识”。

作为一名教师，提高教学水平的道路是曲折和艰辛的。虽然最初的目的可能只是为了生计，但他们逐渐把重心从自身需求转到教学方法和学生学习上去。只有不断总结经验教训，采取措施，提高教学水平，他们才能取得更快的进步。教师可先确定需要提高的领域，设定目标，再逐步提高教学水平。本书写作的初衷就是为了帮助教师提高教学水平。

教师必须建立个人教学档案。通过档案，教师可以看到自己的职业发展轨迹，看到自己的教学技能不断完善、教学水平不断提高的过程。本书为教师建立个人教学档案提供方法和指导，帮助他们切实提高教学水平。

任课教师不是唯一和学生打交道的教师。通常情况下，其他教学工作者，比如辅导教师，也要负责学生的工作。他们同样也面临着要提高职业水平的挑战。在很多情况下，他们和任课教师一样，也可以通过进修来达到目的。本书也提供了有关班级管理和个人管理的有效方法。

此外，本书还提供了教学策略和教学参考资料。本书的两次修订都正值教育变革之际，每次修订都与时俱进。第一版修订依据的是英格兰教师培训的正式文件，本次修订则参照了最新英国教师资格标准的各项要求。

尽管本书是一本教学参考资料，但其主要目的是指导教师在课堂教学实践中切实提高教学水平。第一章概括阐述了怎样借助自我评价过程提高教学水平；第二章论述了提高教学水平的各种方法和策略。每一章中包含很多小节，每一小节都有小标题，提示读者该节内容，同时提供在本书中与每节内容相关的链接，便于读者搜索相关信息。书中应对策略可以切实帮助读者设定目标解决教学中的问题。

本书介绍的一些常用教学方法，可应用于很多场合。通过该书，各国的读者可达到各国的教师职业标准要求，取得教师资格，提高教学水平。在英格兰，教师要达到法定条件才能取得教师资格。本书列出了英国最新出台的2007年的教师资格标准。书中除个别小节讲述的是英国小学教育外，其他章节所阐述内容均适用于世界各国的小学教育。

第一章
自我评价

经过我们多年的观察发现，那些善于使用自我评价的教师，其课堂教学效果显著。他们致力于研究如何组织课堂，如何为学生提供有效的学习环境，他们所用的方法与教学上的评价方法相似。因此我们把这种方法称为自我评价。教师查看学生的作业，参照既定标准对学生的进步做出评价，这是学生取得进步的有力保证。评价过程的前两步是收集数据和分析数据，第三步是根据数据评价结果，合理规划下一步教学。这一过程被称为形成性评价，是教学环节中非常重要的一环。有些教师认为“我已经制订并实施了这个教学计划，我的工作就完成了”，其实这与教师应完成的任务相去甚远。

成功的教师在课堂上要根据学生的需求随机应变，根据学生现有的知识不断地调整教学。当发现学生无法完全理解概念时，要重复讲解，直到学生正确理解为止。教学评价让教师清楚了解学生的学习状况，对学生的需求做出准确反应，并形成教学良性循环。当评价提供进一步准确的教学信息时，这个过程就会循环往前，见图 1-1。

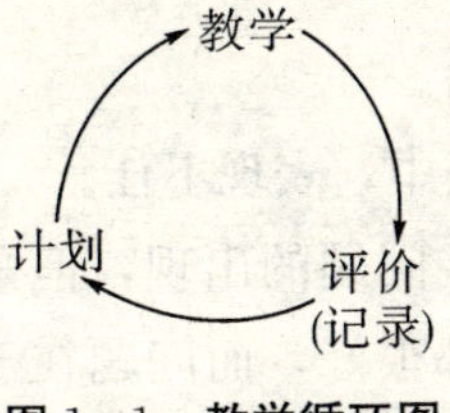

图 1-1　教学循环图

在本书中我们建议，教师可以根据自己的教学技能水平，使用类似的目标设定和自我评价与循环的方法。通过教学评价，教师可以发现问题，确定改进的目标，选定应对策略，然后在教学中实施。教师通过重复评价过程，形成自己的教学模式，提高教学水平。最重要的是，教师应检验所用的策略是否有效，能否反复应用，如果无效，教师必须尝试另一种方法。这将有助于教师建立一个在教学工作中可以应用的成功策略库。

本书介绍的策略有助于教师思考教学过程和提高教学水平。

第1节　自我评价步骤

自我评价有几个步骤以引导教师解决教学中面临的问题，应对挑战，调整教学。其具体步骤如下：

（1）确定教师关注的问题，并将其一一列出。

（2）考虑应对策略。

（3）选定一个策略。

（4）运用选定的策略。

（5）确定该策略是否有效。

（6）如果有效，就存入教师自己的策略库。

（7）如果无效，就选另一个策略，再实施。

（8）从第一个步骤重新开始。

下面介绍各步骤的具体内容。

1. 确定教师关注的问题，并将其一一列出

如果在教室、实验室、体育场、实习场所、计算机房或其他任何授课的地方出现问题，教师首先要确定问题所在，然后把自己的观察结果列出。例如，教师注意到课堂上：

（1）有些学生感到厌烦。

（2）有些学生有不良行为。

（3）有些优等生精力不集中，表现不佳。

也许有多种原因导致这些问题的出现，但是经过思考后，教师有可能发现自己的计划和任务设计得都很好，而问题在于节奏慢，使一些学生感到厌烦从而导致了他们的不良行为，使课堂教学令人不太满意。有时上面列出的问题也许会在课堂上同时出现，但主要是其中一个引起的连锁反应，教师就必须找到其原因。

如果教师能确定引起问题的原因，就可以直接从本书查找解决难题的方案。但有时也许要根据相关链接，阅读好几章的内容你才能找到解决方案。

找出问题和确定原因的过程能给教师提供解决方案，同经验丰富的教师讨论所遇到的问题也往往大有裨益，因为他们能准确地指出问题的症结所在，然后帮助你找到适当的应对策略。如果你是进修教师，可把本书提供的建议和步骤作为教师培训的内容之一；如果你是班主任或辅导教师，本书的内容将会成为你与同事一起工作的好帮手；如果你是想通过本书学习如何克服工作中遇到的障碍，希望取得进步的教师，它就是你的良师益友，帮助你进步或展示你即将取得的成绩。

2. 考虑应对策略

一旦确定了要解决的问题，教师就需要选定策略。本书在每一章节中都介绍了一些可用的策略，教师可针对自己遇到的问题，阅读相关部分内容，找到一个或几个比较合适的策略，最后这些策略可能通过实践成为教师的有用工具。

3. 选定一个策略

从诸多的策略中选定一个你认为最有效、最适合的策略在教学中实践，直到取得成功。有时教师可选定多个策略，比如同时实施三个相关或不相关的策略。例如，应对一个捣蛋的学生，教师可同时使用以下三个策略：

(1) 在上课时间，不理睬他的捣蛋，下课后再来处理。

(2) 最初几分钟让他参与活动，确保他一开始就注意教学内容。

(3) 对他的良好表现和作业给予及时的表扬和鼓励。

4. 运用选定的策略

确定要采用什么策略之后，便开始实施，这可能需要不只一天，而是更多的时间。

5. 确定是否有效

重要的是评价所选定策略的有效性。有时教师所选定的策略需要一定的时间才会发挥作用；有时很快就知道这个策略是否适合所遇到的问题。是继续采用还是摒弃这个策略，最好的方法就是回头思考是否有效。

6. 如果有效，就存入教师的策略库

如果此策略有效，教师就可以放心使用。而且一旦确定它的适用范围，教师就要一直使用。

7. 如果无效，就选另一个策略，再实施

如果没有成功，就要重新思考，然后决定要么坚持此策略，要么选一个新的策略。并非所有的策略一开始就有效，如果该策略确实无效，就得找个可以帮助你的人再讨论一下。他（她）也许会有不同的看法，帮助你找到可能的解决办法。也许教师所选用的策略是正确的，但需要一段时间才有效，因为一些学生的抵触可能持续很长的时间，有时是好几个星期，有时是好几个月，有时是整整一年！经过思考和观察，教师也许会觉得另一个策略更有效，从而采用其他的策略。

8. 从第一个步骤重新开始

如果成功解决了第一个问题，教师就要准备应对另一个问题的挑战，对教学做微调，着手下一个目标。重要的是教师应保持教学热情，时常对自己的教学进行评价。

第 2 节　自我评价模式

表 1-1 介绍了自我评价过程的三个主要步骤。表后有两个例子说明如何运用本书所述的策略，例 1 是取自一个实习教师的课堂教学经历，例 2 是一个教师的教学改进过程。

例 1：玛丽的课堂过渡艺术

玛丽是一个实习教师。她意识到在自己的课堂教学组织中，教学环节过渡存在缺陷。其中一个表现就是学生活动之间的衔接出现了问题。例如，从全班的演示转到下一个活动时，学生吵闹着满教室乱跑，或做其他的事情。她常常提高嗓门制止学生，叫他们安静。尤其困难的是学生完成作业的时间有早有晚。为了有效处理这些问题，教师就要提高课堂过渡艺术。

找到了问题症结后，玛丽查阅了本书中关于提高课堂过渡艺术的内容，找到了几种过渡策略和导致过渡不畅的可能原因。这时，她需要确定首先应

做哪些事情，是应该发出更清楚的指令，使用不同策略引导学生从一个内容转移到另一个内容，还是改变工作方式。她也许希望使用不同的策略，但对她来说重要的是找到问题的原因。玛丽可以与一直观察她教学的指导教师一起讨论这个问题。

一旦选定要实施的策略，玛丽接下来就需要填写如下的一个表：

表 1—1　教学策略自我评价表

我希望提高的教或学的内容	
实施的策略	自我评价
	成功/实施另一策略
我希望提高的教或学的内容	
实施的策略	自我评价
	成功/实施另一策略
我希望提高的教或学的内容	
实施的策略	自我评价
	成功/实施另一策略

在这一阶段，玛丽只需完成“我希望提高的教或学的内容”和“实施的策略”两栏，如表 1—2。

表 1—2　教学策略自我评价表

我希望提高的教或学的内容 课堂教学过渡艺术	
实施的策略 (1) 更清晰的任务结束指令 (2) 一次只对一组同学发出指令	自我评价
	成功/实施另一策略

一天结束时，玛丽对所采用的策略进行自我评价，并填在表里，同时设定下一个目标。如表1—3。

表1—3　教学策略自我评价表

<table>
<tr><td colspan="2">我希望提高的教或学的内容
课堂教学过渡艺术</td></tr>
<tr><td rowspan="2">实施的策略
(1) 更清晰的任务结束指令
(2) 一次只对一组同学发出指令</td><td>自我评价
(1) 我仍需要坚持此策略
(2) 这好多了
(3) 我将坚持</td></tr>
<tr><td>成功/实施另一策略</td></tr>
<tr><td colspan="2">我希望提高的教或学的内容
继续提高课堂教学过渡艺术</td></tr>
<tr><td rowspan="2">实施的策略
更清晰的任务结束指令，明确规定每个小组先做什么，什么时候完成任务</td><td>自我评价</td></tr>
<tr><td>成功/实施另一策略</td></tr>
</table>

从玛丽所填写的自我评价表中，我们可以看出她取得了部分成功。她希望稍微改变一下策略，然后再作尝试。她将实施一次只对一组发出指令的策略，然后检验它的有效性。

例2：彼得的评分策略

彼得是一个有两年教龄的地理教师，他注意到自己所教的七年级和八年级学生中，许多学生很少关注他所给的分数。最近，他采用10分制作业评分法，把所记录的分数的平均值来作为期中成绩。在作业本上，除了改正学生的语言错误和错别字外，他还不时地写一些诸如“很好”、“满意”、“来找我”等简短评语，希望能更好地引起学生的反应，使他们更多地关注作业中的错误，提高成绩。

阅读本书关于评分和反馈的章节后，他选择了两种策略：启用更复杂的评分系统或让学生自己检查、评价作业。但他不能确定这两个策略是否相互干扰，经过一番思考之后，他倾向于实施和完善第二个策略。

彼得决定，从七年级的下一节课开始，就让学生相互讨论他们所犯的错误。他把得满分的同学与那些作业出错多的同学配对，组织讨论。

表 1—4　教学策略自我评价表

<table>
<tr><td colspan="2">我希望提高的教或学的内容
学生作业评价</td></tr>
<tr><td rowspan="2">实施的策略
留出时间让学生与同伴及全班讨论错误</td><td>自我评价</td></tr>
<tr><td>成功/实施另一策略</td></tr>
</table>

经过实践，彼得发现这种讨论非常有效，因为学生反馈回来的信息表明，他们现在更清楚语言的使用规范和自己地理知识表达不正确的原因，这就是收获。但是开始的一段时间并不顺利，花了很多课堂时间，所以彼得决定改进策略，使其更加严密。虽然彼得不能确定这会促进还是妨碍学生理解，但是他准备从学生那儿收集进一步的反馈信息。

表 1—5　教学策略自我评价表

<table>
<tr><td colspan="2">我希望提高的教或学的内容
学生作业评价</td></tr>
<tr><td rowspan="2">实施的策略
留出时间让学生与同学及全班讨论错误</td><td>自我评价
同学之间讨论时间比预期长，但学生对自己出错的地方更加清楚</td></tr>
<tr><td>成功/实施另一策略</td></tr>
<tr><td colspan="2">我希望提高的教或学的内容
让学生参与讨论错误的策略</td></tr>
<tr><td rowspan="2">实施的策略
(1) 我先和全班学生讨论，选出最具代表性的错误
(2) 如果需要，给学生 5 分钟进行同学之间的讨论</td><td>自我评价</td></tr>
<tr><td>成功/实施另一策略</td></tr>
</table>

彼得应用这些策略后，学生们都热烈地参与讨论。现在，他已在思考按 10 分制评定成绩的有效性以及他的评价对学生的建设性意义。他已经通过采用和检验不同的策略解决教学中的问题，即自我评价模式，提高了自己的教学水平。

第3节　自我评价在教学中的运用

在本书的第二章里，各个小节都将直接围绕教学内容而展开，涉及的策略都采用了易于在教室中实施教学的指令形式。教师在采用这些策略时，应注意教学语言的形式。陈述句和疑问句都能实现教学计划中想要达到的检验目的。例如："给全体学生10分钟。""每10分钟看一下时间，以确保自己的教学进度。""我已经给了全体学生时间吗?"但是，当教师想检验这些策略应用成功与否时，就应使用疑问句，如："我刚才给全体学生时间了吗？我刚才查看时间没有?"

自我评价是一个非常有用的过程，它可以评价一节课的成效，提高教师的教学水平。如果该节课达到了既定目标，就继续使用此方法；如果没有，就应该思考采用新的方法。

自我评价对学生个体教育也是富有成效的。例如，针对班上性格内向的学生，教师就会考虑本周用什么策略来鼓励他（她）参与小组讨论。每周教学任务结束时，教师就要对所用的策略是否有效做出评价。如果有必要，则采用另外的策略。这些都要记录在该生的个人档案中。这样，自我评价不仅是一种解决学生问题的积极方法，而且还能使教师在处理学生问题上保持前后一致，保证学生准确地理解教师对他（她）行为的指导。

第二章

有效的教学策略

第1节　如何培养优等生

优等生通常在学习的各方面都表现得很优异。他们的天赋往往表现在音乐、美术或数学等课程上，每门课程的成绩都很好。因为他们能把旧知识和新知识相结合，所以学习效率很高。只要短时间的巩固和练习，他们就能运用所学的知识来解决新问题。因此问题解决教学法是满足优等生求知欲的一种好方法。

优等生有时不合群，没有耐心和差生一起学习，宁愿自己一个人学。作为教师，就应当给他们创造各种机会，以便他们能充分发挥才智。同时，教师还应找到他们全面发展的切入点，如培养他们的协作精神等。

有些学生因为懂事早，或在家里受过良好的教育，或请家教辅导过，所以成绩优异。教师应了解这些学生的长处，为他们讲授相应难度的课程内容。

可参阅的相关章节

第 14 节　如何实施因材施教

第 22 节　如何培养应对挑战的能力

第 28 节　如何实施小组教学

第 53 节　如何运用问题解决模式

应对策略

1. 增加可以锻炼优等生的决策能力的机会。

2. 减少习题，增加其参与实践活动的时间。

3. 采用解题教学法。

4. 调整作业难度，使优等生也得到锻炼的机会。

5. 为优等生与优等生之间、优等生与教师之间提供交流机会。

拓展

众所周知，学生的天赋各不相同，有很多关于优等生和天才儿童的著述对此都有论述。其中，加德纳从理论上论证，因为儿童大脑在空间、音乐、数字等七个方面快速发育，所以每个儿童都有可能成为天才。对一个班里有30个学生的教师来说，要确定每个学生的天赋是很难的。智商测试是用来测试智力高低的方法，在测试儿童某方面的智力方面尤其有效。而优等生的智商则不需测试，因为教师发现这些学生能完成课程要求的所有任务。通常，在教师讲课之前，他们已懂了一半，所以对课堂内容不感兴趣。因此激发他们对新知识的兴趣至关重要，教师在授课时要因材施教，满足优等生的个体需求。

对于优等生，除了满足他们的学习需求外，教师还要关注他们的社交能力和实践能力。否则，这些学生很容易被孤立。因为和反应较慢的学生一起学习时，他们往往很不耐烦，不愿意当小老师。同时，其他学生又认为优等生与众不同，对自己构成威胁而排斥他们。所以，这些优等生很容易习惯于独自学习，久而久之，有些学生难以迅速、简洁、清楚地表达自己的思想。为了解决这个问题，达到预期的教学目标，教师可以采用各种教学方法和经验，培养他们的社交能力和实践能力。穆伊斯和雷诺兹合著的《有效学习：理论与实践》一书对课堂上如何组织优等生以及满足他们的需要作了详尽的阐述。

第2节　如何培养主动学习能力

教师怎样才能让学生学会合理安排自己的学习，成为一个主动学习者呢？主动学习者有三个标准：

(1) 在完成各项学习任务时，能预测自己的学习效果。

(2) 清楚自己对学习任务的了解程度。

(3) 了解自己能完成多少学习任务。

一个主动学习者要能把所掌握的知识运用到新知识的学习中。在现代社会中，每个人都必须要能应对层出不穷的挑战，所以主动学习就显得非常重要。教师的职责是帮助学生思考和提高学习能力。针对培养主动学习者这一目标，教师要考虑采用以下三种策略：采用形成性评价，把握好教学深度与广度的关系，以及教会学生学会学习。

1. 采用形成性评价

学生入学时就已经学到了很多知识，教师必须了解他们对这些知识的掌握水平，并在教学中加以利用，这才能提高教学水平。在主动学习模式中，仅有总结性评价远远不够，形成性评价可以使教师一直不断地监测学生的学习过程和学习效果，积极反馈有益的信息，帮助学生清楚地了解自己已经掌握了什么知识，还需要学习什么知识，从而帮助他们学会反思性学习。

2. 把握好教学深度与广度的关系

相对于在学习上做到面面俱到，全面深入地学习某门课程则需要花费更多时间，但这并不影响教学内容的完整性。教师可以通过精心组织基本知识、基本概念和基本技能的教学，以涵盖整个小学教学内容。与只求蜻蜓点水式地完成整个课程的教学任务相比，帮助学生深刻理解概念、掌握基本知识才是教师应当做到的。对于教学中的难点，教师的任务就是化难为易。首先，教师应扼要介绍一下课程的主要内容，然后结合已学知识，把难点化整为零，降低学生的理解难度。在讲解概念时，教师最好能举出大量的例子。最重要的一点是，教师要让学生感到学习是一件轻松愉快的事情。

由于有些学生对教学难点有抵触情绪，教师应尽量避免强调“这很难!”应说一些鼓励的话，例如“你真努力!”“你真聪明!”等。期末考试时，试题的测试重点要放在测试学生对该课程的深层理解方面，而不是表面知识。

教师要确保教授给学生的事实性知识准确无误。关键就是教师首先要对自己的专业知识和课程概念理解正确以及进行自身训练，这包括教学方法和思维方式的训练。同时，教师对学生学习方法的了解也同等重要。这两点是培养学生成为主动学习者的前提条件。

3. 教会学生学会学习

教师应向学生指明，同学之间相互讨论所学知识是学习过程的必要环节，而当学生独立学习知识时，内心对话也很重要。因此学生大脑内部的潜意识对话（元认知）也是学习过程的必要环节，两人小组或多人小组合作解决问题有助于建立这种元认知学习模式。教师应帮助学生了解各门课程的结构和特点，例如该学科的术语、概念、理论、原理、过程和程序等。

可参阅的相关章节

第 24 节　如何做好学习信息反馈
第 25 节　如何做好教学评价
第 31 节　如何培养自主学习能力
第 36 节　了解学生独特的学习方法
第 56 节　如何做好学生学习档案记录
第 67 节　如何提高专业水平
第 72 节　如何培养学生思维技能

应对策略

1. 为了鼓励学生自主学习，教师在讲授教学新内容前，要做到如下两点：

（1）检测学生对该内容知道多少。

（2）掌握学生对这一话题的普遍看法和可能的种种误解。

2. 在备课时，教师要做到：

（1）提供准确的基本知识。

（2）自己首先要清楚掌握该知识框架内的各种事实和观点。

（3）准确预测难点。

（4）周密组织教学活动，便于学生记忆和运用。

3. 在每一节课上，教师应做到：

（1）清楚传达学习目的。

（2）化整为零，分解难点，精选例子，化难为易。

（3）随时检查学生对知识的理解情况。

（4）告知学生当前的学习进展。

（5）告知学生下一步的学习任务。

（6）总结学生学习成功的经验。

（7）布置额外任务，争取更优异的成绩。

拓展

主动学习理论是有科学依据的，以下内容为此提供了理论依据，是人们进一步探讨主动学习的基础：

1. 记忆与知识结构。
2. 解决问题的能力和推理能力。
3. 早期学习基础。
4. 大脑对学习的监管程序（包括元认知），即大脑的认知机制。
5. 符号思维、文化和学习群体。

第3节　如何应对学生中的欺凌行为

教师应把学生以大欺小或侵扰他人视为一种特殊的挑衅行为，这种行为往往对受害者造成身心伤害。当学生谈到这一行为时，也总是强调欺凌带来的巨大痛苦。这种行为往往具有突发性、重复性、以大欺小这三个特征。

重复性是欺凌行为的一个显著特征，偶尔一次以大欺小，即便造成伤害也称不上欺凌行为。教师必须认真对待学生当中的欺凌行为，这种行为通常表现为三种形式：

1. 身体伤害——挨打了。
2. 语言伤害——挨骂了。
3. 间接伤害——被忽视、孤立、嘲弄。

有些学生通过欺凌行为来引起教师或其他学生的关注，他们通常有一伙暗中支持者。不幸的是，受害者往往都是那些在身体上、情感上、智力上的弱者，但在一定的条件下，任何小孩都可能成为被欺凌的对象。因为欺凌行为不会在教师眼皮底下发生，而大多数欺凌他人者也会矢口否认参与了欺凌行为，所以欺凌行为具有隐蔽性和伪装性，教师往往很难发现。英国的一些研究表明，每学期有四分之一的小学生不止一次受到大孩子的欺负，而受害者往往不愿揭发，只会怨恨欺凌者，并很快导致他们失去自信和自尊，出现上课注意力难以集中等问题。为了避免被其他学生欺负，有些学生甚至逃课，因而他们的学习成绩总不尽如人意。

可参阅的相关章节

第 5 节　如何保护儿童

第 8 节　如何促进师生学习交流

第 9 节　如何加强家校联系

第 15 节　如何有效执行校纪校规

第 17 节　了解儿童情感发展规律

第 19 节　如何实现教育公平

第 54 节　如何营造良好的学习氛围

第 64 节　如何培养学生社交能力

第 76 节　如何培养学生正确的道德价值观

应对策略

1. 人人参与。欺凌行为是一个迫切需要解决的问题，需要家长、学校教职员工和全体学生的共同努力来杜绝。

(1) 人人都应了解欺凌行为的特点及其应对办法。

(2) 自始至终对欺凌行为要有防范意识，填写匿名调查表是收集信息的有效方法。

(3) 建立一个帮助受欺凌者的体系，课间、下课后在学校操场上，教师要引导学生积极参加活动。

(4) 公布求助热线电话，帮助那些胆小怕事的学生。

(5) 鼓励学生采取积极行动，抵制欺凌行为。

2. 采取预防措施。这是解决学生欺凌行为问题的关键，在课堂上，教师应该：

(1) 通过小组活动和各种配对活动，建立学生相互间的良性互助关系。

(2) 通过角色扮演，同龄人讨论，大声朗读精选故事等活动，促进学生与学生之间的合作关系，抵制欺凌行为。

(3) 通过互相模仿、讨论、角色扮演等活动，让学生认识到彼此之间的共同点与不同点，从而化解矛盾。

拓展

学校发生的欺凌和侵扰行为会妨碍学生正常的学习生活，所以教师应认真对待，要有计划地向学生传授识别欺凌行为的知识。如果有学生被欺负或知道有人被欺负，就鼓励他们告知教师和家长。同时教师还应警惕欺凌行为的一切表现形式，一旦发现，教师就要迅速进行调查，尽早让家长参与解决。为了彻底解决欺凌问题，让当事人双方当面对质不失为一种行之有效的办法。事后教师要跟踪调查，确保欺凌行为不再发生。

第 4 节　了解儿童身体发育规律

儿童的身体发育是明显的，例如，观察在操场上玩耍的学生，教师很容易发现年幼的学生身体发育不如年长的学生。教师要关注学生什么时候，以及怎样习得了各种各样的知识和技能。研究者们提出了很多关于儿童身体发育的理论，有些人认为发育是一个自然的、持续的、有序的和平稳的过程，有些人则认为发育是不规则的、不均衡的。就拿跳绳来说，前者认为孩子在 7 岁时就应自然而然地会跳绳，而后者认为在学会跳绳之前，孩子们应具备跳绳的各种条件，例如有跳绳的意愿，有人在旁辅助等。除此之外，还应具备其他条件，如平衡能力、骨骼承受能力、肌肉结实等。根据这一理论，大多数 7 岁小孩能够跳绳，只是有些小孩在 7 岁前就学会了，还有些小孩要更大点才能学会。所有这些理论都试图找出儿童发育规律。以孩子的性情为例，人们往往会问："外向的小孩会一直都这样吗?"（这是稳定的吗?）以及："外向的小孩长大后会改变吗?"（这是要变化的吗?）同时研究者们感兴趣的还有遗传和环境对孩子们发育的影响，怎样尽可能发挥孩子们与生俱来的优势等问题。

在孩子身体发育过程中，存在一些关键技能的学习期，例如六岁前是儿童学习走、跑、跳等运动技能的最佳时期。一旦错过，学校就应创造机会进行弥补，所以学校应为学生提供各种发展身体技能的机会，让孩子们能在"恐怖的两岁"之后，学会控制自己的情感（参见第 17 节），但在孩子们今后的学习生涯中这方面也可能需要更多的指导；在孩子们 0～12 岁之间，应尽量开发他们大脑的语言学习能力（参见第 33 节），帮助他们学习母语和外语（参见第 39 节）。如果 13 岁之后才学外语，要达到熟练应用的程度，难度就必然大增。教师应考虑学生个体生理发育的差别，确保教学效率。

可参阅的相关章节

第 17 节　了解儿童情感发展规律

第 33 节　了解儿童智力发展规律

第 39 节　了解儿童语言发展规律

第 64 节　如何培养学生社交能力

第 5 节　如何保护儿童

在教育界，学生是指任何一个法律意义上的未成年孩子。学校有法定责任和义务保证学生的安全，教师和有关人员应义不容辞地爱护学生。《每个孩子都重要》一书的出版，引发英国各界更多人士对虐待儿童事件的关注，也增强了社会保护少年儿童的决心。英国颁发的《1989 年儿童法案》包含了以下的原则：

1. 儿童是有生命的个体，应受到法律的保护。
2. 家长有知情权，有受到尊重的权利。
3. 在万不得已的情况下借助法律干预，而且尽可能缩短干预时间。
4. 协调各个儿童保护部门之间的工作。

如果要借助法律干预维护孩子的权益，就应遵循如下原则：

1. 把儿童的幸福排在首位。
2. 应避免任何推诿，否则不利于儿童的健康发展。
3. 非迫不得已的情况下不得使用法律手段。
4. 无论何种情况，都要当事人各方协商解决。
5. 当决定涉及儿童的生活时，应征询并尊重儿童的意见。

像英国一样，其他国家也有类似的儿童保护原则和儿童保护法，这涉及不同机构之间的合作，教师只是这个体系中的一部分。在处理虐待学生事件上，教师应寻求相关部门的帮助。例如在英格兰和威尔士，每个学校都有指定的专业人员负责学生保护事宜，这个人通常是校长。

教师应了解儿童虐待的相关知识：

1. 虐待类型及识别

当儿童的基本需求因为疏忽而得不到满足时，这个儿童就受到了虐待或有被虐待的可能。儿童的父母可能正在对孩子做可怕的事，或可能没有尽到做父母的责任。例如没有保证儿童的食物供给等。为了正确判断孩子是否受到虐待，教师有必要了解少年儿童身心发展规律。

2. 身体伤害

抚养孩子是一项艰辛的工作。家长时常会生孩子的气，有时甚至怒不可遏，失去理智。教师要理解家长，但也要保持警惕性。并非所有的伤害都是故意的，但也并不都是无意的，如果学生出现了以下症状，教师不能掉以轻心：

(1) 眼圈青紫——学生偶尔一只眼圈发青发紫，可能会是意外造成，但两只眼圈都是青紫色的，就可能有人故意施暴，而非意外伤害。

(2) 淤伤——注意观察淤伤的形状。如果孩子背部两侧有多个圆形的淤伤，两肋各有两处，很可能是意外——可能是有人出于好奇，把孩子抛起来，再接住，也有可能是有人猛力摇晃孩子所致。

(3) 全身都有圆形的烫伤——是烟头烧灼所致。毫无疑问，这需要教师的进一步调查。

3. 孩子生长发育障碍

例如，经过一个假期，某个学生的体重大大减轻。

4. 情感虐待

例如，如果某个学生表现好得过分了，这说明他（她）可能生活在一个缺少关爱，要求严格的家庭，从小都怕做错事。

5. 性虐待

例如，一个5岁大的孩子知道生殖器的名字，和洋娃娃或其他小朋友玩性游戏。这种情况确实难以判断。所幸的是，学校里有专门负责人和专家负责调查和判断此类事件，教师的职责就是及时汇报。

虽然虐待儿童事件不常见，有些教师工作了一辈子也未必能碰到，但是适当了解这方面的知识，学会正确应对是教师的一项重要工作。

可参阅的相关章节

第3节　如何应对学生中的欺凌行为
第15节　如何有效执行校纪校规
第17节　了解儿童情感发展规律
第33节　了解儿童智力发展规律
第39节　了解儿童语言发展规律

第 50 节 了解儿童生长发育规律
第 57 节 如何建立良好的师生关系
第 64 节 如何培养学生社交能力
第 78 节 如何加强与教学相关人员的合作

应对策略

为了保护学生，避免他们遭受虐待，教师应做到以下几点：

1. 有责任向学生传授有关虐待儿童的知识，加强学生的安全意识，例如教会学生如何应对欺凌行为。

2. 教育学生告诉大人受到侵犯的准确时间。

3. 对学生多表扬、少批评。

4. 培养师生间的信任感。

5. 如果发现学生遭受到任何非意外的肌体损伤或任何其他形式的虐待，不要惊慌。根据学校的有关规定迅速做出反应，谨慎处理。在对待虐待这一类事件中，学生请求教师不将此事向上汇报，教师最好不要向学生允诺保密，与其让学生遭受痛苦，不如先采取行动，然后再向学生说明理由。

6. 不要将事情扩大，要把知情人的范围缩到最小，尽量不要让不相关的人知道，只通告那些有权采取进一步措施的人。

7. 尽快以书面的形式记下学生受虐待的时间、地点、人物、情况。如果诉诸法律，教师就需要为自己采取的行动提交一个书面报告。

8. 如果虐待事件需要用法律手段来解决，不要孤军作战，尽量利用相关的法律支援。

第 6 节 特殊教育需求实施细则

这节简要地介绍英格兰学校实施的《特殊教育需求实施细则》的部分内容。

特殊教育需求的含义

有特殊教育需求的学生，是指那些学习有障碍，需要特殊照顾的学生。即：

1. 比起大部分同龄学生来，学习上存在着很大困难。

2. 身体有残疾，不能像同龄学生一样利用地方教育部门提供的教育资源。

《1989 年儿童法案》给出了更详细的关于特殊教育需求的定义，包括对学生残疾的定义：盲、聋、哑；患有任何一种精神紊乱症；因疾病、伤害造成的永久性残疾；天生畸形或其他任何一种医学鉴定的残疾；《1995 年残疾歧视法案》增加的一条，即残疾学生还包括那些患有严重的、长期的、对日常生活有不利影响的肢体障碍的孩子。在《1991 年教育法案》和《2001 年特殊教育需求和残疾法案》基础上，英国在 2002 年修改了《特殊教育需求实施细则》。

《特殊教育需求实施细则》的原则

根据法律规定，在学校教育中，特别是在普通学校和早期教育阶段，学生的特殊教育需求应得到满足。国家规定：

1. 有特殊需求的学生有表达自己意愿的权力，其意愿应受到尊重。

2. 在有特殊需求的学生的教育方面，父母应发挥重要作用。

3. 有特殊需求的学生有权享受全面的、系统的课程教育（3～5 岁接受基础阶段教育，5 岁以上接受全国普通课程教育）。

《特殊教育需求实施细则》所取得的成效

为了保证满足有特殊需求的学生的教育需求，首先应为他们制订个别教学计划。此计划要综合考虑学生的文化需求、可利用的教学资源和教学管理需要等多种因素。教师要尽早对有特殊需求的学生作出鉴定，鉴定要做到及时、内容翔实、有时效性。同时还要充分考虑学生的愿望和家长的意见，尽可能为他们量身制订最佳计划。

要具体落实对具有特殊需求的学生的学习监控，每年至少评价一次。如果家长和学生本人希望在普通学校接受教育，就应满足他们的愿望。同时，《特殊教育需求实施细则》还要求教育者注意：如果极少数的学生因为身体状况很差，不可能在普通学校学习，就应为这些学生提供特殊教育需求的专业服务。

在《特殊教育需求实施细则》规定的范围内，家长（或对学生负责的任何人）应积极地参与围绕学生所作出的任何决策。教师应虚心听取家长们的意见，考虑他们的态度、情感、教育方式的不同观点，同时还要关注学生本人、教育相关人员和教育服务等因素。此外，学校可以通过召开家长会来了解和满足家长的需求，而且会议召开的时间、地点要尽量方便家长。一旦学生被鉴定为存在特殊教育需要，就应马上通知家长。家长有责任和义务了解整个教育过程，并参与决策。

学生也得参与决策的制订，参与为他们制订教育计划和进行学习评价的过程。教师在作决策时，应考虑学生的年龄、懂事的程度及自身能力。在结束学业时，学生能决定自己今后的发展道路。

要特别强调对学前特殊学生（特别是学前 5 岁左右的学生）进行诊断、评估，尽早鉴定学生是否有特殊教育需求，鉴定的过程依照循序渐进的原则。“学前行动计划”应采用以下循环模式：

1. 鉴定特殊教育需求。
2. 提供针对性服务，满足特殊学生的教育需求。
3. 评价学生的学习进展情况。
4. 一旦达到目标，就终止此行动。

如果学生的特殊需求没有得到满足，则要继续执行学前行动计划，尽量采用不同的教学方法，直到完成整个循环过程。如果在执行该计划时，学生的进展不大，那么就需要寻求外部支持与帮助，启用“学前行动+”计划。对 5 岁以下的学生，教师还要每 6 个月简单评价一次。在 5 岁时，教师要向其家长详细通报情况，传达下一步计划该如何实施。如果学生在学校里学习，这个工作由特殊教育需求协调员负责。在其他情况下，这项工作由和学生每天亲密接触的人来完成。

学校应充分利用学生（从学生 5 岁起）的一切信息，采用评价或其他测试手段，重点分析“学生能做什么”和“需要学习什么”。在孩子求学阶段，教师要跟踪观察、评价和反馈信息，以此来制订教学计划，从而满足学生的需求。

教师应多采用家校联合的学习策略，对每个学生因材施教。在“学校行动”阶段，继续执行“学前行动计划”的循序渐进策略。如果学生的进步不明显，就启用“学校行动+”计划。该计划应更强调因材施教，充分利用专家的建议和校外的资源，要求家长与学生积极参与。

“特殊教育需求实施细则”还规定，对有可能严重缺乏关爱或受到排斥的学生，教师要进行早期或中期报告，按照“学校行动”和“学校行动+”来处理。地方政府有责任确保所有学校和教育机构执行《特殊教育需求实施细则》的原则。

每一个有特殊教育需求的学生每年都要接受考核。而作为工作执行文件的“个别化教育计划”有可能接受更多的常规跟踪检查，每年至少两次。该计划规定，为满足学生的需求，教师应开展更多的形式多样的教学活动。例如，为满足学生需求，可以将他们分小组活动，以“小组教育计划”代替“个体化教育计划”。

在学生9岁时，我们应建立一个由多个机构组成的联合组织，为青少年提供教育服务。在学生毕业时，帮助有特殊教育需求的学生作决定。到学生11岁时，确保有更多的非学校机构参与检查该学生的学习情况。

对有特殊教育需求的学生来说，采用“特殊教育需求协调员”制度具有战略性作用，他们可以协调全校资源，促进对有特殊需求的学生的教学工作。协调员属于高级管理人员，社会地位很高，在教学团队里，即教师、辅导教师、家长、学生以及校外其他人员之间的沟通中起着特殊的作用。他们的职责是和有学习障碍的学生在一起，了解他们的具体学习情况，协调各方面的工作。

在任何阶段，其他专业人员都可以帮助收集学生的信息，制订计划。机构间的协调工作通常由协调员承担。《特殊教育需求实施细则》规定，学校应利用各种机会培训和提高特殊教育需求协调员及其他相关工作人员的工作能力。

有些学生即使完成了“学校行动”和“学校行动+”，也没有多大的进步。对这一部分学生，在征询了同事、家长、学生本人和相关机构的意见后，协调员就应启动法律鉴定程序。但是学生不会自动得到法律鉴定书，因为这需要经过一定的法律程序。首先，学校要用事实证明“学前行动”或“学校行动”或“学前行动+”或“学校行动+”都尝试无效。然后根据这些情况，地方政府会同意采用法律鉴定程序。为此，地方政府的决定对有特殊需求的学生的教育至关重要。一旦有了鉴定书，学校、家长和学生就会重新采用“学前行动+”或“学校行动+”，而地方政府和中央政府会给予更多的支持。这个鉴定书必须准确描述为有特殊需求的学生提供的各种帮助。参与“学前行动”或“学校行动”或“学前行动+”或“学校行动+”的学生很多，但只有很少的学生需要法定评估。如果关于有特殊需求的学生的最新需求得到确定，学校和政府就应作出及时、灵活的反应。一些学生在小时候就接受了法律鉴定程序，开始接受正规教育前就得到了鉴定书。

《特殊教育需求实施细则》规定，地方政府和学校应通力合作，向家长提供普通学校的信息和其他适用的教育法规，实施学习评价，增加对智障学生的了解，从而找到有效的解决方案，最大限度地满足学生的教育需求。

可参阅的相关章节

第 30 节　如何实现融合教育
第 65 节　如何满足特殊教育需要

第 7 节　如何提高课堂语言艺术

清楚地传递课堂信息是教师的一项重要基本技能，包括“讲什么”和“怎样讲”。对着一大群学生讲课的技巧同平常说话不一样，教师要专门学习这一技能。教师在备课时，首先要仔细考虑讲课的要点，如有可能，在课时教案上或小卡片上写下关键词或词组。这样做一方面可保证讲课的条理性，另一方面学生会觉得教师是在讲课，而不是在读稿子。

在课堂上，教师应像演员一样用不同的语气、语调讲课。要吸引学生的注意力，教师必须语气坚定、声音悦耳，指令要简短响亮，以便全班都能听到。可用一些常用的指令，例如“停下来，看这儿”。当学生们不再窃窃私语，专心致志地开始听课时，教师可换成更适合授课的语气，可采用教育的口吻，也可采用对话的语气，但无论哪一种语气，都应更平和。

当学生在做练习时，教师应在教室里走动，或参与某个小组讨论，这时教师说话的声音要低，还应不时地扫视教室，发出简短的课堂指令，或点一下那些注意力不集中的学生的名。这样做的目的是向全班表明，教师即使在和少数几个学生交流，也仍然在关注其他学生。有时，教师可以大声地表扬某个学生，让所有的学生都听到。一方面该学生感觉良好而备受激励，另一方面，其他学生也会更加努力，希望得到老师的表扬。如果教师的“高声评价”总是积极的、鼓励性的，就有助于营造更好的课堂氛围。

教师所使用的措辞和语气的变化也很重要，这也是我们大家都喜欢听电影对白和说书人讲故事的原因。教师应学会演员和说书人的技巧，学会用不同的语气、语调来表达对学生的要求，激发和传递求知的热情。毕竟，在学生做错事时，教师不能老是发脾气，但可以通过语气、语调，让学生明白他的行为已越过了可接受的界限。

可参阅的相关章节

第 8 节　如何促进师生学习交流
第 15 节　如何有效执行校纪校规
第 32 节　如何设置课堂指令
第 54 节　如何营造良好的学习氛围
第 77 节　如何提高班集体教学艺术

应对策略

1. 确定讲课的内容。
2. 尽量多用词组，少用句子，这样就像谈话，而不是读稿子。
3. 使用常用课堂用语吸引学生的注意力。
4. 变化语气、语调，使讲课变得生动有趣。
5. 确保课堂指令简短、明确。
6. 用语气来表明教师的态度：是赞同还是反对。
7. 和学生们在一起时，要注意讲话的内容与方式。
8. 用短语提醒学生：我也在关注你。
9. 尽量营造一种积极的课堂教学氛围。

拓展

怎样和学生有效地交流，教师们有不同的看法。韦尔斯曾研究过学生的课堂反应，得出了颇有价值的结论：师生对话可以有效地帮助学生消化知识。他将这一结论和传统的填鸭式教学法做了比较，指出教师应掌握课堂语言艺术。

师生交流不只限于口头，克鲁克香克等人以“什么样的教学才算清晰易懂的课堂教学?”为题在学生中展开了调查。他指出学生最喜欢的课有 8 个特征：

1. 给学生思考的机会。
2. 讲完课后，留出时间让学生消化知识。
3. 传授给学生记忆方法。
4. 给学生足够的时间练习和巩固知识。
5. 针对不同的教学内容和不同的学生，采用不同的教学节奏。

6. 讲解时间充足。

7. 对学生有问必答。

8. 突出难点。

第8节　如何促进师生学习交流

如果学生积极学习，教师对他们的学习表现作出评价是极其重要的。教师应和学生建立良好的师生关系。如果多表扬、少批评学生，那么教师将树立一种诲人不倦、热心教育事业的形象，学生学习进步的可能性就很大。和学生相处时，教师要掌握学生各方面的情况，了解他们的喜怒哀乐。操场和其他非正式场合，例如协会活动和体育运动场合，都是了解学生的重要场所。

可参阅的相关章节

第2节　如何培养主动学习能力
第7节　如何提高课堂语言艺术
第12节　如何应对文化差异
第14节　如何实施因材施教
第22节　如何培养应对挑战的能力
第24节　如何做好学习信息反馈
第31节　如何培养自主学习能力
第40节　如何提高倾听和交流艺术
第46节　如何激发学生学习动机
第57节　如何建立良好的师生关系
第62节　如何建立学生自我评价机制
第69节　如何建立目标体系
第76节　如何培养学生正确的道德价值观

应对策略

1. 教师要对以下两点做出准确判断：

(1) 学习过程——学生的学习方法。

(2) 学习内容、学习目标完成情况。

2. 教师应了解学生的学习方法和学习成绩，并告诉学生：

（1）教师对他们的评价。

（2）他们所取得的进步。

（3）他们在学习中的收获。

3. 制定切实可行的目标，促进学生更上一层楼：

（1）改进学生的学习方法。

（2）提高学生学习成绩。

在制定目标前，要给学生积极的评价，例如“你学习非常努力”，“你已经掌握了这一点”。这些评价可以是书面的，也可以是口头的。在制定目标前，要与学生充分交流，教师要询问学生：你觉得如何学习才能进步？你怎样才能做到这一点？你觉得如何才能提高？

帮助学生制定的目标应具有挑战性，但也应符合实际，具有可实现性。

拓展

在与学生的交流中，教师应把重点放在学生的学习过程和学习任务上。所以，当学生学习退步或停滞不前时，不要责备，要帮助他们寻找原因，提高学习成绩；当学生学习取得成绩时，教师应肯定他们的成绩，鼓励他们继续进步。教师也可以评价他们的学习方法，重点评价学习过程和学习成绩。这样可以激起学生更高的学习热情，减少厌学情绪。教师的最终目标是让学生自己总结：什么时候能学得好，什么时候能学得更好。

上述的策略和交流的重点，是来自一项关于学生对成功的理解的研究。有些学生认为成功靠运气，有些学生认为靠天赋，有些学生还认为在于刻苦努力。三种不同的看法导致三种不同的结果，会对学生产生不同的影响。例如，一个学生相信自己的成功与天赋息息相关，如果取得预料之外的更大成绩，他就会把这归于运气好或刻苦努力。不管是运气或是刻苦努力，该学生都会认为与自己的天赋无关。但是教师可以通过问“你怎么做到这一点的？”“你觉得如何才能提高？”等问题，让学生清楚地认识到他们成功的真正原因，帮助他们总结学习经验，取得更大的成绩。

第 9 节　如何加强家校联系

教师要尊重家长和其他教职员工，与他们建立和维持良好的合作关系，因为家长和其他教职员工都有权利和责任关心学生。

要帮助学生获得成功，教师可以通过多种形式与家长合作。在学前教育阶段，家长每天接送孩子，易于联系。随着学生日益独立，学生与家长的联系就需要特意安排，学校安排的各种社会活动有利于建立家校间的合作关系。学校的这些努力有助于在教师和家长之间搭起沟通的桥梁。但有一点要记住，教师与家长之间的力量对比是不平衡的。例如在学校里，教师更权威，而在家里，家长则是决策者。

可参阅的相关章节

第 6 节　特殊教育需求实施细则
第 12 节　如何应对文化差异
第 20 节　如何应对民族差异
第 29 节　如何布置家庭作业
第 49 节　了解家长职责
第 65 节　如何满足特殊教育需要
第 76 节　如何培养学生正确的道德价值观

应对策略

1. 教师要积极向上，乐于助人，树立诚实守信的形象。

2. 筹备各种家校活动之前，拟定书面报告，该报告要包括：

（1）孩子学习进步的准确信息。

（2）孩子课内外的情况，如言行举止、才能、抱负、困难等。

3. 教师要做到：

（1）平易近人——面对面交流时，要面带微笑，和蔼可亲；书面报告所使用的语气要平和。

（2）善于倾听，善于察言观色。因为有的家长提到自己的疑虑时，往往比较委婉、含蓄。

（3）要积极回应。

（4）善解人意，彬彬有礼。

（5）严肃认真。

（6）乐于助人。

（7）诚实可靠，说话有分寸。

（8）说话做事要有条不紊。

拓展

“合作关系”、“共同利益关系”是家校合作成功的关键。家长与教师的合作关系可分成几个层次。在一些学校里，为了让学生学习进步，家长与教师必须真正共同承担起责任。家长能充分掌握孩子在学习、社交等方面的进步情况，同时也主动地向教师提供孩子在家的情况，而这些情况可能会影响孩子在校的学习情况。在另一些学校里，家长虽然能充分了解孩子的情况，但在向教师反映孩子的家庭表现方面则不太积极、不太主动或不太愿意。一些家长乐于让教师决定一切，这并不是因为他们不关心自己孩子的成长，而是因为他们认为老师不需要他们的信息。另外一些家长，尽管孩子有问题，但仍不闻不问，教师要与他们取得联系非常难。但是大多数教师和家长之间的合作很愉快，效果显著。当然这种合作是有限的，其中的一个原因是，教师常常会担心家长过多干涉其工作，而家长也可能有同样顾虑，他们都不希望家丑外扬。

第 10 节　如何培养竞争意识

整个社会都充满竞争，教育也不例外。竞争不需要排除奖励，但教师需要思考竞争对班风的影响。

“竞争有益”、“世界充满了竞争”这两条口号众人皆知。和所有那些经久不衰的口号一样，这两条口号自有一定的道理。如果一个人有资本参与竞争，那么他就乐于参加，如果还有获胜机会，他就会信心百倍，跃跃欲试。一般情况下，学生一般能预测获胜的可能性。初步预测之后，有人会继续竞争下去，因为他们有信心迎接挑战；有人则会彻底丧失信心，退出竞争。如果这些学生退出，就会激起其他学生的不满，有时同龄人的压力又会成功地迫使这些人回到竞争中来。

可参阅的相关章节

第 2 节　如何培养主动学习能力
第 3 节　如何应对学生中的欺凌行为
第 15 节　如何有效执行校纪校规
第 25 节　如何做好教学评价

第 31 节　如何培养自主学习能力
第 46 节　如何激发学生学习动机
第 60 节　如何有效使用奖励机制
第 66 节　标准化测试

应对策略

教师在培养学生的竞争意识时，应思考以下问题：

1. 把竞争引入这个活动是否恰当?
2. 所有的参赛者是否都有成功的可能性?
3. 奖励是否恰当?
4. 参赛者都了解竞争规则吗?
5. 怎样激发参赛者的内在动力?

拓展

教师为了让班上的学生学习动力十足，都不遗余力地想办法激发学生的学习兴趣，甚至包括学习态度最消极的学生。竞争确实是一种动力，但并不适用于所有的学生。竞争对象可以是他人，也可以是自己。无论是承受还是逃避压力，是承认自己无能还是争取胜利，这都要由孩子们自己决定。一方面教师要帮助孩子们应对考试，因为教学成功与否主要由分数来衡量；另一方面，教师又要鼓励孩子们做自己想做的或有益的事。对教师来说，这是一件两难的事。

2001 年，穆伊斯和雷诺兹报告了博里奇在 1996 年所做的研究。博里奇把课堂分为竞争型、合作型和个人主义型。在竞争型课堂里，教师根据标准答案判断学生正误。如果达到目标，学生就会产生成就感，反之则会感到很失败。而在个人主义型的班上，教师鼓励学生独立自主，自己制定目标，教师只是引导。一般来说，男生普遍喜欢竞争型课堂。

第 11 节　如何培养创新能力

早在 20 世纪 60 年代，就有人讨论“创新能力”，最近几年，教育界又重新提起这个话题。这里的“创新能力”是指教育应培养学生在学习中发掘创造力的能力。这可能是针对过去十年里，小学教育中风行一时的只注重读写能力和计算能力而提出的。英国政府颁发了名为《卓越与快乐》的文件，旨在把快乐和学习与各种课程相结合，这份文件现在被称作《国家小学教育策略》。

根据已经取得的成就，这份文件为小学教育的未来指出了发展方向：通过丰富的、精彩的课程，让学生得到全面发展，从而实现高水平教育目标。这份文件经常提到“创新能力”，也许有人觉得这个术语不太适合，因为创造性好像只是出现在艺术课程里，不太适合用在一个按部就班的教育体制里。但是有一点值得深思，那就是教师能否把创新能力“教”给学生，或者教师能否创造一个特定的环境，在这个环境里，传授给学生富有创造性的“技能”。

可参阅的相关章节

第 26 节　基础阶段教育
第 52 节　英国小学教育政策

第 12 节　如何应对文化差异

文化背景是指个人或群体所特有的一系列的价值观、经验和传统。文化团体是由语言、服饰、道德观念、宗教信仰、饮食、风俗等来界定的。作为教师，对学生寄予厚望，有些期望源自教师的文化背景、家庭以及所在社区的传统思想。了解不同的文化可以拓宽视野，提高教师的教学效果，因为教师可选择不同的教学方法、不同的教学资源和不同事例来帮助学生，避免产生误解。例如，当教师在训斥某个调皮捣蛋的学生时，这个学生竟然不看着教师，教师会认为这个学生在向他（她）挑衅。但是，这个学生可能正是按照家规的要求来化解教师的不快。因为在有些文化里，尤其是孩子惹大人生气的时候，孩子直直盯着大人的眼睛被认为是粗鲁的行为。

可参阅的相关章节

第 2 节　如何培养主动学习能力
第 7 节　如何提高课堂语言艺术
第 8 节　如何促进师生学习交流
第 31 节　如何培养自主学习能力

第 32 节　如何设置课堂指令
第 36 节　了解学生独特的学习方法
第 48 节　如何掌握教学节奏
第 61 节　如何做好学生安全保护工作
第 63 节　如何培养学习技巧和学习策略
第 77 节　如何提高班集体教学艺术

应对策略

1. 通过以下方式了解学生的文化背景：

（1）询问学生。

（2）和学生父母交谈。

（3）请教同事。

（4）了解学校所服务的社区的情况。

2. 教师应注重学生的文化差异：

（1）学生所用的语言。

（2）选择适合全班学生文化背景的教学方式和教学资源。

（3）尽管教师的个人经验有时能派上用场，但还是应经常更新自己的模式化观念。

（4）海纳百川，真心诚意地接受不同的文化。

拓展

文化是个复杂的概念，而且它并不是一成不变的实体，在这一节中只作简单介绍。个人要受到很多因素的影响，其所处的文化氛围只是其中的一个因素。司法界更重视事物的细微差别和平等性。围绕公民资格和什么是公民资格，政治界一直争论不休。理解文化及其相关的概念，例如宽容、政治、解决冲突、道德推理等，将有助于理解文化本身。民族认同感是一种复杂的情感，民族渊源只是其中的一部分。在英格兰，大部分人口为白种人，还有亚洲人、黑人和其他少数民族，每一个少数民族都有自己的文化。在一些文化里，男女分工明确。例如，在孩子的养育问题上，英国父母的分工不同。很多家庭是女人当家，但并不是家家户户都如此。所以，“文化”这个概念不能撇开性别、收入、社会地位等因素，本书中的“如何实现教育公平”一节将进一步阐述相关内容。

那些出身英格兰的小学教师一般都是中产阶级的女性，因而在这些学校里，中产阶级的文化占主导地位。而社区文化却与此截然不同。对那些异质文化的社区，老师对学生的期望值可能会低些。学生和家长都清楚教师会怎么做和能做什么。当学生带着这些成见来上学时，教师就可能难以应对。更糟的是，班上的学生来自不同背景，有不同身份认同感，他们对教师所给的期望会产生质疑，这种文化差异导致的问题往往让教师头痛。

第 13 节　如何提高课堂示范艺术

示范与讲解是要求较高的教学技能。教师一旦确定了教学目标、教学内容，就要仔细地把示范分解为多个小步骤，正式上课前最好能演习一下。示范是一种相当有效的教学方式，特别是在教学生做某事的步骤和技巧时最为有用。例如，向学生示范安全运用器材的方法，或向学生示范怎样写作业，如何留空白，在哪里写日期和名字，怎样处理教师的评语等。

教师必须准确地告诉学生被要求的步骤，然后再让学生练习。教师要随时检查学生是否按要求做，开始时教师很可能要不断地提醒、纠正，直到孩子们能驾轻就熟。但是教师要明白，在这个场合下所学会的操作程序或技巧未必适用于新的场合。例如，在科学实验课里学的安全规则，并不一定适用于手工课，这时教师还得重新示范。教师的示范要准确、连贯，学生仔细观察教师的一举一动，然后再模仿教师的动作。

在如何培养学生的思维方式的问题上，教师通过口述和举例来演示就是一种有效的教学法。例如，在数学课上，教师通过提问，深入讨论范例，进而推导出原理。又例如，在英语和社会科学课堂上，为了得出一个准确的结论，教师可以和学生大声争论，列出一系列观点和理由，说明为什么一些观点更有说服力。当然，在课前教师必须精心选择范例。个案研究最好能采用小组或同桌讨论的形式，学生要向同学和老师讲述自己的思路。这些示范教学需要在一系列的教学活动中进行，教师要不断总结经验教训，然后再将其用到新的教学情景中去。

可参阅的相关章节

第 2 节　如何培养主动学习能力

第 7 节　如何提高课堂语言艺术

第8节　如何促进师生学习交流

第31节　如何培养自主学习能力

第32节　如何设置课堂指令

第36节　了解学生独特的学习方法

第48节　如何掌握教学节奏

第61节　如何做好学生安全保护工作

第63节　如何培养学习技巧和学习策略

第77节　如何提高班集体教学艺术

应对策略

上课前，教师要做到：

1. 确定演示所用材料都已齐备。

2. 确定自己的示范准确无误。

3. 仔细规划每个步骤，语速要适中，声音要清楚。

4. 已考虑安全因素。

5. 排练：练习提问，预测可能出现的答案，预测可能发生的意外和应急措施。

上课时，教师要做到：

1. 调整学生的座位，确保每个学生都能看清教师的示范。

2. 向学生准确地描述每个示范动作。

3. 让学生模仿教师示范中的步骤、技巧和思路。

4. 使用精心设计的问题。

5. 倾听和回应学生的答案。

6. 适时让学生预测会出现什么意外。

7. 举一些错误的例子，让学生评判。

8. 一步一步地示范。

9. 如果是示范一种思路，就要让学生明白该课程的体系是什么。

10. 如果要示范一种思路，就用个案研究来证明理念在实际中的应用。

11. 给学生练习的机会，并提供帮助。

12. 教会学生自己检查。

13. 反复示范，直到每一个学生都理解，达到要求。

拓展

大多数教学都会采用示范的方式，因而有必要思考为何示范有这么好的教学效果。2001 年，苏泽在研究中指出，通过调动所有的感官，例如触觉、嗅觉、感觉、听觉，大脑会积极回应幽默的语言和肢体动作。幽默如果使用得当，就有唤醒大脑、激发灵感、吸引注意力的生理作用；幽默还有助于营造良好的学习氛围，也有助于记忆。所以教师在演示中，要尽量使用准确和幽默的语言。

第 14 节　如何实施因材施教

每个学生都有不同的能力与需求，作为任课教师或新教师，一开始和学生接触，就要收集信息，了解他们的能力和需求，也可以通过观察、询问、倾听，以及和其他教师交流、查看学生档案等途径，了解学生相关信息，然后制订详细的教学计划。起初，教师的工作计划可能只适合某一部分学生。但随着对学生了解和观察的深入，教师的下一步教学计划会更适应学生的要求。随着教学的深入，教师也要修改学期计划。你一定要记住，在拟定教学计划时，要充分考虑学生的性别、文化背景、民族与学习表现的差异。

因材施教可以分为任务型、效果型和资源型三种类型，即教师可以从制订不同学习任务、提出不同学习要求和提供不同帮助三个方面入手，达到因材施教的目的。有些学习任务可以交给全班学生完成，他们能够独立地完成，并能学到知识，但要允许不同水平的学生完成任务的效果不一样，这叫效果型的因材施教。有些学习任务只针对部分学生，每一组学生所接受的任务各不相同，这叫任务型的因材施教。资源型的因材施教是指教师要随时满足每个学生的要求。这就要求教师个别辅导学生，并根据学生的学习情况调整教学目标。例如，当优等生已经掌握了该知识点，教师就可以减少练习，给他们布置更有挑战性的作业，让他们能用所学的知识解决问题。如果学生难以完成作业，教师就要简化作业，或给他们布置另外的更简单的作业。

根据学生的实际情况布置不同的作业，这有助于学生的学习进步。如果作业的难度与学生的水平相当，教师就能帮助学生运用已掌握的知识来学习新知识，进一步提高学习成绩，学生也会全力以赴，并在完成作业的过程中学到新知识。

可参阅的相关章节

第 1 节　如何培养优等生
第 2 节　如何培养主动学习能力
第 28 节　如何实施小组教学
第 31 节　如何培养自主学习能力
第 55 节　如何提高问答教学法艺术
第 77 节　如何提高班集体教学艺术

应对策略

1. 在制订学期计划前，要了解和掌握学生的水平和已掌握的知识。

2. 根据学习小组的学习情况，调整学习目标（如果所有小组成员都不能完成任务，就要调整目标）。

3. 如果有必要，就需要微调学习目标（备课时，应考虑教学内容的拓展或简化）。

拓展

虽然大家都承认，学生的学习进度和学习能力各不相同，但对于怎样才能最大限度满足学生的需求却各执己见。这可能是因为没有一个令大家都信服的解决方案。有些学校进行混合型教学；有些学校开设专门班教学，如数学特长班；有些学校则实行分级教学。即使是在混合型教学的班级里，教师也常把学生分成学习小组，这些小组要么固定，要么因课而异。虽然班级教学是总趋势，但教师也在探讨在班级教学中实施个性化教学，使用不同的教学方法满足不同学生的不同需求。因为在同一个班里，学生水平和期望值有差异，所以除了课堂作业的布置要因人而异外，课程还需要细化，以此满足不同学生、不同小组的需求。

有证据表明，把学生按能力分组，对学生的学习和自信心都有影响。布罗菲和古德在 1970 年的一项研究中发现，学生按能力分组会导致学习能力较差的学生产生一系列反应，如学生缺乏自信心，教师对其期望值低，学生成绩差。2000 年，博拉等人以中学生为对象进行研究，提出了一些值得深思的问题。为了适应 1980 年以来《数学课程大纲》越来越高的要求，英国有些学校采用特长班实施因材施教。博拉的研究对象是 13～14 岁的学生，他们从混合型班转到数学特长班，但是他们并不觉得学习环境发生了改变，学习需求得到了满足，学习条件得到了改善。这个结果表明，能力较差学生的自信心也往往不足，教师对其的期望值也低。因为在这些课堂上，教师进行的是班级授课制，不能因人而异，只有小部分优等生才能成功地跟上数学特长班的教学进度，其他学生似乎很难适应这种单一的教学节奏。

第 15 节　如何有效执行校纪校规

纪律的作用在于约束和纠正不良行为，校纪校规有助于规范学生在校的言行举止，进而逐渐减少教师的干预，让学生学会自律。校纪校规规定了学生与学生之间、学生与教师之间以及教师与学校其他工作人员之间的行为规范。校纪校规要充分考虑全体学生、整个社会对维护良好学校秩序的需要，这样才能顺利地得到执行。

校纪校规明确规定了教师和教学辅导人员的职责。校纪校规的理念和执行可能和家长的观念有冲突，即有些在家里被允许的行为在学校却是被禁止的。在学校，学生要了解和学会应对家规与校纪校规、学习纪律和公共秩序之间的差异。要制定一套完整的校纪校规并非易事。首先，教师们很难就“什么行为是可以被接受的”达成一致意见；其次，学校通过学生、家长和社区的参与，制定出行之有效的校纪校规需要花很长的时间和很大的精力。

可参阅的相关章节

第 3 节　如何应对学生中的欺凌行为
第 12 节　如何应对文化差异
第 19 节　如何实现教育公平
第 20 节　如何应对民族差异
第 30 节　如何实现融合教育
第 57 节　如何建立良好的师生关系
第 61 节　如何做好学生安全保护工作
第 76 节　如何培养学生正确的道德价值观
第 78 节　如何加强与教学相关人员的合作

应对策略

教师要通过以下措施严格执行校纪校规：

1. 严格要求学生

（1）制定高标准的行为规范，例如尊重学生，记住学生的名字；讲话的时候声音要柔和，语气要坚定。

（2）认真安排课堂纪律教育，例如教学生当听到老师说“谢谢，请坐”时，即表示要求他们两脚并拢，端端正正坐好；当听到老师说“一个一个回答”，即表示学生得先听清楚问题，再举手回答，不要大家一窝蜂回答。

2. 了解学生的需求，考虑他们的年龄与经历

（1）要意识到并不是所有的学生都能自觉遵守纪律。了解每个学生，逐渐提高对他们行为规范的要求，对学生的任何进步，哪怕是一点点小小的进步，都要给予及时的鼓励。

（2）要清楚校纪校规及教师对其的理解可能和学生的家规有严重冲突，有的家庭根本不约束学生。所以教师必须明白，师生之间对彼此的期望内容需要多交流；学生接受校纪校规、解决校纪校规与家规的冲突都需要时间。

3. 要培养学生的安全意识和危机意识

在学生成长过程中，通过让学生选择活动、组织课堂、决定恰当的奖惩方式等，提高他们自学的能力，引导他们走向自立。

4. 了解学生的社会文化背景、民族差异、学习期望，尊重这些差异，采用恰当的奖惩方式

5. 培养学生的社会意识和道德意识

课堂是培养学生社会意识的场所。可以通过课堂讨论和小组活动，培养学生的社会意识或解决道德意识问题。

拓展

不良行为是指不符合当事人所处环境要求的行为。学校出现的不良行为包括：

1. 攻击性行为——身体的、言辞的攻击和欺凌行为。

2. 不道德行为——撒谎、欺骗、偷窃。

3. 违抗命令。

4. 扰乱课堂——不依次发言，阻碍他人发言。

5. 思想开小差——想入非非，传递纸条。

最后两条性质不那么严重，但经常会扰乱教学秩序。在课堂教学管理方面，很多学校的校纪校规把重点放在减少学生干扰课堂和开小差的行为上。教师处理前三种违纪行为的方法很多，例如，学生多交朋友，或者鼓励和培训学生来照料那些行动困难的同学可以减少欺凌行为的发生。教师要采用“让学生围坐成一个圆圈”等策略，建立更和谐的班风。“让学生围坐成一个圆圈”的做法可以帮助学生：

1. 处理各种是非。
2. 判断哪些行为是可接受的，哪些行为是不良的。
3. 讨论什么是“好的行为”。
4. 研究怎样应对来自同龄人的压力。
5. 探讨当前的道德问题。

教师对违纪的处理也要认真考虑。要公正，不能剥夺学生上课的权利。教师或其他高级职员都可以参与处理学生违纪行为，处理过程分为如下几个步骤：

1. 确定违纪行为（指出学生做了什么。例如，学校规定学生在操场上要友好相处，而某个学生打了约翰，那该生就违反了校纪校规）。

2. 指出违纪行为的后果（约翰身上的淤伤是被某个学生打的）。

3. 让学生承认违纪行为（当被问及“你知道史密斯小姐看见你打约翰吗?”时，如果学生否认，就拿出其他证据证明给他看）。

4. 和学生一起制订预防违纪行为的措施。

不搞特权是有效执行校纪校规的保障，只有当学生认为处罚是公正的时候，处罚才会有效。所以，执行校纪校规的关键在于，要强调学生的违纪行为。“你受处罚是因为你违纪”而不是因为“你是坏孩子”。同时，教师还要找到帮助学生不再违纪的方法。

第16节　如何展示学习成果

展示学习成果能够把学习知识、奖励学生和学生的互动交流融为一体。为了顺利地过渡到下一个教学活动，教师可考虑举办学习成果展示。这个活动能引起学生对下一个教学环节的关注，并给他们时间思考下一堂课应该怎样学习。同成年人一样，学生都想事先了解下一个活动，特别是他们自己要参与的活动。学生也愿意自己的成果被展示出来。成果展示对他们来说是一种学习动力，也是对学习的奖赏。成果展示是学生之间的学习交流形式之一，可以激发学生主动学习，其目的是让其在展览中学习。学生们在参观展览时，动手摸一摸展品或者在脑海里琢磨琢磨，不但可以巩固课堂知识，而且还可以学到更多的知识。对成绩最好的学生和成绩最差的学生来说，这种教学手段最有效。这种展示可以是形状归类、图表解说、集成电路制作、餐桌布置、地图解读、话剧表演或计算机程序演示。这种展示的优势在于，教师可以站在教室的任何一个位置，让学生成为教学的中心。

如果有足够大的纸张，就可以采用双层裱贴的方法，把学生所有的展品都很好地展示出来，双层裱贴有助于把作品的最佳效果展示出来。简洁的标题与清晰的标志，错落有致的排列，显示出所展示技能的专业性。有时候，几件排列有序的展品比一大堆展品乱堆乱放的效果更好。背景的质地与形状的变化，会增加整个展示的层次感与多样性。

可参阅的相关章节

第 54 节　如何营造良好的学习氛围

应对策略

1. 采用形式多样的展示活动，尽量做到互动、有趣、高质量。
2. 在制订学期教学计划时，确定可展示的作品。
3. 为展示课收集好学生的展示作品。
4. 准备的时间要充分，确保每个学生都有高质量的作品参与展示。
5. 如果可以，就用双层裱贴展示作品。
6. 设计好展览的布局，在用订书机、胶水和胶带固定展品之前，要用大头针固定展品。
7. 贴好标签，让参观者一目了然。

第 17 节　了解儿童情感发展规律

判断感情和情感状态的能力是人与生俱来的能力，这种能力是指能识别从幸福到悲伤的情感变化过程，能意识到恐惧、生气、发怒、内疚、惭愧等情感。从孩童期到青春期，人的这种能力日益提高。随着孩子智力的发展，他们不仅能识别多种情感，而且还能判断这些情感之间的关系。8岁大的孩子已经能够通过语言表达自己的情感变化，例如，他们会说："我的话被打断，我很生气；但能出去玩，我很高兴。"

婴儿最早接触到的是照料他们的成年人。通过这些成年人的行为和声音，6~8周大的婴儿的情感得到巩固，成年人对他们微笑，他们也报之以微笑。婴儿情感的发展从面部表情开始，所以通过面部表情，我们可以监测孩子的情感。孩子越来越乐意给那些对他们重要的人以笑脸。7~9个月的婴儿，表现出不愿意见陌生人，在这一阶段形成恐惧与生气两种情感。表露情感的能力是智力发展的一个方面。毫无疑问，一个蹒跚学步的婴儿，能从他人的反应中，学会一整套情感和展示这些情感的方法。例如，2岁的婴儿就会通过从撅嘴生气到号啕大哭的方式，来争取自己的要求得到满足。

随着时间的推移，孩子可以独立控制情感，不再需要别人的帮助。有些研究表明，我们整个一生都在学习控制自己的情感，但每个人的自我控制能力因人而异。有些人动不动就哭，有些人则面无表情。

两个领域的研究可以帮助我们理解孩子情感的发展。一是性情，它与情感类型有很大的关系。每个人都应了解自己属于哪种类型，是据理力争型，还是平易近人型，或从容不迫型？二是婴儿与家长的情感联系，早期的哺育和不同的照顾方式对孩子情感的发展很重要。这两个方面的研究可以解释为什么学生在教室里的表现会不一样。

可参阅的相关章节

第33节　了解儿童智力发展规律
第39节　了解儿童语言发展规律
第64节　如何培养学生社交能力

第18节　如何处理母语与第二语言的关系

在英格兰，有50多万学生的第一语言不是英语，教师应在教学中促进英语作为第二语言的学习。在很多学校，课堂教学语言都是第二语言——英语。问题是，口语、书面语和阅读能力能自然而然习得吗？学校应采取什么措施？通常，学生自己能自然习得这些语言，特别是年幼的孩子，他们学得快，记得牢。但是，八岁之后，一些双语的儿童似乎没有其他的学生进步大。这似乎说明，如果教师对英语习得不闻不问，学生的学习就不会有进步。很多学校有专门的政策、课程、专业人员来帮助学生学习英语，以确保他们的成功。

可参阅的相关章节

第 12 节　如何应对文化差异
第 19 节　如何实现教育公平
第 20 节　如何应对民族差异
第 39 节　了解儿童语言发展规律

应对策略

教师应核实以下情况：

1. 学生的国籍与母语。
2. 是难民还是移民（考虑文化冲突和难民所面临的额外压力）。
3. 英语在学生家里的使用情况。
4. 学校里是否有说同样语言的学生或教职员。

尽量促进和维持学生的母语：

1. 找到和学生说同一种语言的人。
2. 尽量继续让孩子用母语学习，时间越长越好。
3. 听先于说，说先于读写，让孩子多听英语。
4. 英语的传统（从左读到右，把字都写成一横排）可能和学生的母语完全不同，让学生明白这一点很重要。

拓展

很多学生把英语作为第二语言来学习，长大后能说一口流利的英语，也能用英语阅读和写作。他们可能也会说母语，但不一定有读写能力。如果教师只允许学生说英语，那么他们就是在宣扬教师个人的价值观。学生的民族文化遗产理应受到重视和保护。家庭与社区用语也应受到尊重。教师最好能促进学生双语甚至是多语学习。这就是说，教师要期望学生能用英语进行口头和书面的交流，掌握英语语言的法则和社会习俗，与此同时教师要积极提高学生的第一语言和第二语言的水平。这是一个跨课程、跨阶段的挑战。不管怎么样，学习第二语言的学生为学校的生活增添了亮丽的色彩。

第19节　如何实现教育公平

在教育中，教师应首先思考两个问题：“我是什么样的人?”“我的价值观是怎么形成的?”下列内容虽不全面，但是可以帮助教师找到上面两个问题的答案：

1. 你的性别，包括你的性趋向。
2. 你的外表、民族、身体状况、年龄等。
3. 你的家庭类型：核心家庭、大家族、单亲家庭。
4. 你的宗教信仰与文化背景。
5. 你的交际能力，包括你的语言：标准英语、约克郡方言或英语作为第二语言。
6. 你的住址：市中心、郊区、乡村。
7. 你的财产或社会地位（这可能是最重要的)：中等收入或低等收入，专业技术人员、办公室人员、非熟练工、失业等。

以上的部分或全部内容就构成教师的身份。《每个孩子都重要》(《2004年儿童法案》）把平等放在优先的位置。这意味着教学不可能不受诸如教师的价值观和身份等因素的影响。教育公正要求教师要公正对待所有的学生，但仅仅对所有的学生一视同仁还不够，教师还得尽可能地满足每个学生的需求。学生对学校的态度受所在家庭和社区的影响，可能与教师的标准有冲突，他们的期望也和教师不一致。教师随口问的问题，他们可能会在家里反复唠叨；教师讲的笑话可能被误解成一种侮辱甚至是民族歧视。在教学中，教师要教学生：

1. 自重。
2. 找出自己与别人生活的相似之处。
3. 互相学习。
4. 不要因为民族、性别或财富等而自命不凡。

可参阅的相关章节

第12节　如何应对文化差异
第18节　如何处理母语与第二语言的关系
第20节　如何应对民族差异

第 22 节　如何培养应对挑战的能力
第 27 节　如何应对性别差异
第 30 节　如何实现融合教育
第 59 节　如何有效利用教学资源
第 60 节　如何有效使用奖励机制

应对策略

为了营造班级里的和谐氛围，教师应做到：

1. 明白自己的言行举止对学生的影响很大。例如，教师应努力记住并准确叫出每个学生的名字；既重视学生的学习结果，也重视他们的学习过程；避免使用“女生不要……”“男生不要……”之类的语言；相信学生一定会成功。

2. 和家长建立合作关系，重视学生在家里的体验。这有助于教师找出学生各自家庭生活的相似点和积极面。

3. 坦诚对待学生性别、民族和残疾等问题。例如，让学生描写自己的外貌，包括眼睛和皮肤的颜色、身体各部分的特征等。

4. 谨慎处理辱骂事件，坚持：

（1）支持受害者。

（2）鼓励学生使用其他方法处理情感问题，例如，教师可以采用“让学生围坐成一个圆圈”的交流方法帮助学生共同协商解决矛盾。

（3）参考学校的相关规定。

5. 建立与学校里其他教职员工平等的人际关系，为学生树立好榜样。例如，在分配工作时，应抛弃性别歧视等偏见。

6. 在备课与讲课时都要考虑到教育公正：

（1）充分利用学生以前的学习经验。

（2）采用小组合作学习的方法。

（3）确保女生、男生、少数民族学生都能在活动中有机会扮演主要角色。

（4）布置不同的学习任务。

（5）考虑组成性别相同的两人小组的学习形式。

（6）在两人小组学习时，允许学生使用母语。

（7）确定选用的教学资源不含任何歧视因素，应选用最新的、积极向上的教学资源。

7. 在以白人为主的学校，要保证课程反映社会的多民族性。

拓展

教育公平是一个复杂的领域，教师总会有一种“哪里不对劲”的感觉。从教师个人来说，随时随地都要公正对待学生确实很难。在某些方面，一些学生的确需要教师更多的关注。如果情况没有好转，教师就应想办法改变局面。一种办法是有意识地减少花在那些难以满足的学生身上的时间，把稍微多一点的时间花在那些自己平时很少关注的学生身上。

第20节　如何应对民族差异

英国最近一次人口普查表明，在近5400万的人口中，大约有6%的人口是少数民族（1991年统计数据）。1994年，巴拉德和卡拉估计11%的英国在校学生是少数民族。过去有证据表明，在历次测试和国家考试中，某些地区来的学生（如来自加勒比海的非洲学生）和一些工薪阶层的孩子成绩不理想。英国政府努力保证让所有的学生都能接受高质量的教育，1989年和2004年的《儿童法案》要求英格兰教师理解和帮助不同民族的学生，为他们的成功做出无私的奉献，这也是教师职业的要求。教师对学生抱有各种各样的期望，其中的一些期望源于自己的民族背景。教师的社会地位、性别和民族都会影响对学生和家长的期望。教师必须意识到，学生的家庭和社区已经在他们的人生态度上打下了烙印，在家里，学生对待成人的行为可能和教师的要求不同；尊重这些民族差异才能提高教学效果，避免误会和不切实际的期望，从而选择恰当的教学方法、教学资源和教学事例来帮助学生。

可参阅的相关章节

第12节　如何应对文化差异
第19节　如何实现教育公平
第27节　如何应对性别差异

应对策略

参见“如何实现教育公平”一节的应对策略。

拓展

科尔于 1997 年指出，英国学校采取三种态度应对民族问题，每一种都有众多的支持者。有些学校采用一元文化态度，力图使每个学生英国化；有些学校持多元文化态度，尊重文化与宗教的差异。另一些学校采用反民族歧视的策略，积极地挑战民族歧视。无论学校采取哪种态度，对学生民族观念的形成都起着举足轻重的作用，这意味着教师处理此类事件的方式是非常重要的。

第 21 节　如何评价课堂教学

课堂教学评估有几个因素，其中最主要的是确保学习效果。教师需要评价学生是否达到了学习目标。如果达到了，就说明教学效果好，教师应记录下学生的成绩。如果学生学习成绩不佳，教师就要好好反思，调整教学方法。有时是因为教学目标不适合所有的学生或者少数学生；有时是因为教学目标太高或太低；有时是学生不努力的原因；有时是由于教学活动不符合教学目标；有时是学生把课堂知识和别的知识混淆在一起了；还有可能是教师的教学技巧需要提高，需要为学生营造一种目标明确的学习氛围；也有可能是下雪了，或是牙医的造访，学校摄影师的出现打搅了课堂等多种因素所致。在这种情况下，即便最有经验的教师也会体面地让步。

一旦分析了课堂上的得失，教师就要筹划如何上好下一堂课。教师可以对教学方法进行整改，使之适用于所有的课程。但在讲授某门特定的课程或对某些有特殊需要的学生讲课时，教师就要采用新的策略。

可参阅的相关章节

第 2 节　如何培养主动学习能力
第 25 节　如何做好教学评价
第 31 节　如何培养自主学习能力
第 35 节　如何设置教学目标
第 44 节　如何制订学期计划
第 69 节　如何建立目标体系

应对策略

一个简单的课程评价可从以下三方面进行：

1. 学生方面：记录每个学生的表现，确定谁需要额外辅导。
2. 活动方面：教学活动是否符合学习目标，下次是否继续采用。
3. 教师方面：哪一种教学技巧使用得好，哪一种教学技巧需要改善。

拓展

有很多因素会导致课堂教学不顺利。即使是最好的教师，讲课也并非像一般人想象的那样顺利。教师能做到的就是认真备课，积极主动地提高教学技巧，保证上好每一堂课。

莫伊尔斯描述了课程评价过程和学期计划的修订，教师主要评价的是：

1. 学生是否能够达到教学预期目标。
2. 学生是否能够形成正确的态度和观点。
3. 学生是否能够高质量地完成学习任务和取得优异的成绩。
4. 学生是否能够调整学习的进度。
5. 找出学生的优点与缺点。
6. 制订下一步计划，促进学生的进步。
7. 确定可以提供或重复哪些教学活动和方法，哪些学生需要不同的方法。

第 22 节　如何培养应对挑战的能力

教学集挑战、教学传统和巩固知识为一体。挑战能迫使学生努力思考，力求突破知识极限。挑战学生，就是给他们机会去冒险，去应用知识，去寻求新的理解，到真实场景中学习，去体验发现新事物的激动。对学生来说，体验发现新事物的激动最具吸引力，也是强大的学习动力。

成年人的世界里充满惯例和挑战，教师有必要教育学生正确遵循教学传统，迎接挑战，学会处理两者的关系。面对挑战不只是优等生的专利，所有的学生都会因为能力有限而受到相应的挑战。

学生都想知道自己的成绩如何，以便调整每天的学习进度。他们也喜欢复习，因为复习使他们相信自己有能力并且能成功，做游戏、讲故事、设计计算机程序都是很好的复习方式。他们也喜欢挑战，因为在迎接挑战时，他们能利用所学知识解决新问题。

教师也喜欢布置不同的任务。有时候教学传统的力量过于强大，只需用常规方法获得知识和技能，而无需尝试新方法，例如拼写、技巧操练、写日记等。有时候教师希望学生运用所学的知识和技能，让学生把解题技巧应用在新的情境中，从而学到新知识，或有机会把知识运用到熟悉的情景中解决问题。

可参阅的相关章节

第 1 节　如何培养优等生
第 2 节　如何培养主动学习能力
第 14 节　如何实施因材施教
第 26 节　基础阶段教育
第 31 节　如何培养自主学习能力
第 46 节　如何激发学生学习动机
第 53 节　如何运用问题解决模式
第 63 节　如何培养学习技巧和学习策略

应对策略

1. 平衡每周布置的学习任务的类型：传统作业、新知识、复习巩固、具有挑战性的作业。

2. 确保学生有机会把知识运用到新情境中。

3. 针对学生各自的情况，尽可能布置不同的作业。

4. 布置大量的能训练解题技巧的作业。

拓展

自皮亚杰时代以来，研究者对思维方式进行了大量的研究，有证据表明，问题解决方法有利于习得有效的学习技能。挑战学生的思维就是迫使学生改变或检验自己的观点。讨论怎样解决问题意味着学生得讲清自己的观点，以便他人评判。这是澄清和记忆事实的有效策略，也是学习产生迁移的途径。

从个人的角度来说，教师有必要思考一下他们对某些学生的评价是否得当。例如，认为某些学生解决问题能力太差，某些学生只会模仿不会创新，某些学生只有能力学完第 4 册，某些学生只能参加数学学习小组，因为他们的语言能力差等。教师的这些评价是否得当，是否会影响他们的工作？如果教师对学生的期望值低，学生也会认为自己确实能力较弱。教师对学生的看法会在与学生的交谈中流露出来，所以教师一定要谨慎表达自己的意见和对学生的期望。

第 23 节　如何提高课堂讲解艺术

课堂讲解是帮助学生学习的一种有效手段。拙劣的讲解只会使学生感到沮丧和紧张。认真备课才是吸引学生注意力的关键，同时教师要把讲课、提问和教学节奏有机地结合起来。如果学生不能跟上教师的讲解，教师就得采取措施，给全班或小组或个人再讲一遍教学内容，这样做很费时。如果这种情况经常发生，教师就需要改变讲解的方法。所以备课时要把这些学生的额外要求考虑进去。当然教师也可以让辅导教师来做这个工作，或者继续上课之后再回过头来处理这个问题。

可参阅的相关章节

第 7 节　如何提高课堂语言艺术
第 32 节　如何设置课堂指令
第 48 节　如何掌握教学节奏
第 53 节　如何运用问题解决模式
第 78 节　如何加强与教学相关人员的合作

应对策略

1. 确保教师自己首先理解教学内容。
2. 一旦学生的注意力被吸引，就尽早开始讲授新内容。
3. 对那些不明白自己要学什么或是学习起步慢的学生，要尽力安排辅导教师去帮助他们。
4. 充分考虑学生已有的知识和经验。
5. 把教学内容和学生的知识、经验、兴趣有机结合起来。
6. 用通俗易懂的语言讲解教学内容。
7. 告诉学生他们将要学习的新内容。

8. 把课堂讲解分成几个部分，依次完成。
9. 精选事例，注意范例多样化。
10. 给学生留出练习的时间。
11. 讲课结束时，要回顾所讲的教学内容。

拓展

苏泽对 40 分钟的课堂教学做过分析，并指出前 20 分钟是讲解新知识的最佳时段。这时教师应避免提有关新课程的问题，如果学生答错了，讲课就会受到负面影响。接下来的 10～15 分钟最好留给学生，让他们围绕新的课程内容进行有关的活动。教师要利用最后的时段复习所学的新知识，这只是一种教学模式。另外的学派则建议另一种较为随意的教学模式，即先向学生提些具有挑战性的问题，然后再为其进行讲解。

第 24 节　如何做好学习信息反馈

学习信息反馈是教师对学生学习和表现进行评价并将评价结果告知学生的过程，其途径有多种，可以是正式的，也可以是非正式的。除了从教师那里得到反馈，学生还可以从校长、参加家长会的家长和其他教学工作人员那里得到评价。

针对全班、小组或个人的表现，教师可以简短地进行评价。教师的评价应该鼓励学生复述所学的知识和已完成的功课，帮助他们学会清楚地表述个人观点。如果教师能再鼓励学生计划下一步的学习内容，就更有利于学生学会自我评价。有效的反馈是富有建设性的评价。开始学生会觉得教师是在批评他（她），但最后就会明白这些评价是如何帮助他（她）取得进步的。

最有效的反馈方式是师生一对一的交流，教师和学生当面沟通，但这种方式受时间的限制。如果一个班的学生人数很多，教师在课堂上就不可能对每个学生给予评价。打分是一种较传统的反馈方式，但是教师通常不当面给学生打分。其他的反馈方式包括组织一些比赛，如拼写、背口诀表、心算比赛等；或奖励学生，如奖给学生一个圆形笑脸贴画，给他们在操行上加分，让他们进入好孩子光荣榜等。学生都渴望得到认可，所以会特别积极参加这些活动。

教师应及时给学生反馈信息，以便学生了解自己的学习效果。教师应评改所有的书面作业，对学生的学习进步和学习成绩，教师应该给予积极的、富有建设性的评价，以激励学生取得更好的成绩。

可参阅的相关章节

第 8 节　如何促进师生学习交流
第 10 节　如何培养竞争意识
第 43 节　如何批改学生作业
第 46 节　如何激发学生学习动机
第 60 节　如何有效使用奖励机制
第 72 节　如何培养学生思维技能

应对策略

1. 及时把信息反馈给学生。
2. 给学生建设性评价。
3. 通过提问的方式，鼓励学生表述自己的思维和行动方式。
4. 鼓励学生自己决定应对措施。
5. 建立奖励机制。
6. 选择恰当时机，让学生获得他人的表扬。
7. 改进打分机制，优化信息反馈机制。

拓展

反馈、打分和奖励三者密切联系，教师需要在教学中加以综合运用。在教育中，人们越来越重视反馈的质量与形式。富有建设性的教学反馈是更有效的终结性评价，其作用越来越重要。通过学生与教师之间，学生与学生之间的交流，学生的学习效果会更好。例如，大家一起讨论对某个题目的理解有利于更快更好地解决问题。因为受所拥有知识的局限，学生不与他人沟通就容易出错。教师应给他们时间思考，改正错误，保证他们正确理解所学内容。

史密斯在《最新的大脑研究证明学习是什么》一文中指出，如果学生在学习过程中能自我反馈，知识的掌握就会更牢固和长久。自我反馈对学习很有帮助，因为它可被视为对正在发生的事情的描述，而且是思考性的描述，与以前的经历或假设有关联。布莱克和威廉最早提出了改革教学评价的方案，他们的评价改革小组指出："教师应该认识到评语、分数和等级对学生的自信和热情的影响，所以给学生的学习信息反馈一定要有建设性。"

第 25 节　如何做好教学评价

教师、学生家长和学校管理人员若要知道教学工作是否已经圆满完成，学生要知道自己是否达到了学习目标，这些都依赖于可靠的评价标准和科学的评价方法。教学评价是根据教学目标的要求，按一定的规则对教学效果作出描述和确定，是教学各环节中必不可少的一环，其目的是检查和促进教学。在长期的教学实践中，已经产生了多种不同的评价标准和评价方法，例如，相对评价和绝对评价，诊断性评价，形成性评价和终结性评价，定性评价和定量评价等。本书主要阐述形成性评价和终结性评价在小学教学中的运用。

形成性评价

大多数课堂评价都是形成性评价。教师应该努力了解学生已学到什么，并归纳出他们的错误，然后作出相应的评价。教师可以根据学生的反应，对他们在不同时间段的表现进行形成性评价。例如，在一节课结束时或一天教学结束时评价学生的表现，总结自己的教学，准备第二天的教学计划。中期评价重点分析学生的学习水平情况，因此它和中期计划应纳入未来的教学计划。

在对全班表现作口头评价时，教师最好注意那些表现特别好和特别差的学生的反应，从而对全班有一个整体的印象。根据与全班同学进行的口头交流，教师难以对每个学生作出评价，而小组学习和书面反馈则提供了更大的操作空间，以观察和监控学生的表现。小组学习目标更能反映学生个体的能力，学生更有可能取得进步。因此，教师可通过在课堂上关注某一个小组，而取得有用的评价数据。

当几堂课的教学目标都相同时，教师容易在短时间内了解这个班学生的学习水平。同时，教师还可以通过其他方式确定学生是否达到了教学目标，如从学生出现的疑难问题，他们的考试成绩等方面进行评估。此时，教师就可以综合这些信息，作出准确的评价。

教师也可以在上新课之前对学生的现有知识和学习能力作出评价，以便在制订中短期计划时能设定更有针对性的目标。

评价可通过正规的测验和考试来进行，也可通过交谈和观察等非正式手段进行。一旦教师根据这些评价结果采取教学措施，就影响了学生学习能力的形成和状态，故称之为形成性评价。形成性评价是有效教学循环的关键一环，为教师备课、教学以及记录学生个人学习进步提供了可靠资料。

可参阅的相关章节

第 14 节　如何实施因材施教
第 21 节　如何评价课堂教学
第 24 节　如何做好学习信息反馈
第 25 节　如何做好教学评价
第 43 节　如何批改学生作业
第 44 节　如何制订学期计划
第 56 节　如何做好学生学习档案记录
第 69 节　如何建立目标体系

应对策略

1. 观察和询问学生，根据学生的理解力正确回答问题。
2. 对课内外的学习作出评价，并采取相应措施（如做好记录和计划）。
3. 根据目的，选取合适的信息，用正式或非正式的方式记录下来。
4. 采用形成性评价、自我评价的教学技能。

终结性评价

终结性评价是用来总结学生的阶段性学习表现，表明他们在教育过程中某一阶段取得的成果的评价方式，主要目的是评价学生是否达到阶段性教学目标。教师评阅试卷就是对学生进行终结性评价，而把评了分的卷子发还给学生，就是形成性评价。具有代表性的终结性评价考试有中学毕业考试、重要阶段考试、国家职业资格考试等。教师要分析学生的考试成绩，和全国其他考生进行比较，将终结性评价和形成性评价有机结合起来。

学校的终结性评价的形式有半期考试、期末考试、阶段考试等。学校要把考试成绩记录下来，作为下一年级教师的参考，同时还要把成绩通知家长。

可参阅的相关章节

第 26 节　基础阶段教育

第 52 节　英国小学教育政策

第 56 节　如何做好学生学习档案记录

应对策略

1. 适时记录学生的情况，以便知道什么时候需要总结学生取得的成绩。
2. 及时评价和总结学生对知识的理解情况。
3. 当判断学生懂得什么或不懂得什么知识时，可以让学生作自我评价。
4. 要与国家评价要求相似。

拓展

评价可用作不同的目的，但教师所选用的评价形式要能提供自己需要的信息。哈伦等人所写的《评价目的和原则》一文，全面总结了教学评价的目的和原则。如果想知道更多的关于小学教学形成性评价的观点，请参阅桑斯特和奥弗拉尔 2006 年撰写的《教学评价：小学教师的实用指导》。如果想知道被称为“有利学习”的形成性评价的相关观点，请参阅布莱克等人分别于 1998 和 2004 年撰写的《黑匣子：通过课堂评价提高水平》和《实践学习评价》，以及克拉克于 2001 年和 2003 年撰写的《解读形成性评价》和《小学教学信息反馈》。

第 26 节　基础阶段教育

在英格兰和威尔士，基础阶段教育指年龄 3～5 岁儿童的学前教育。在这个阶段，《基础阶段课程指导》和《基础阶段概况》这两份文件指导国立学校的课程设置。《基础阶段课程指导》涵盖儿童培养的六个方面：

1. 个人、社会和情感的发展。
2. 沟通能力、语言能力和读写能力的培养。
3. 数学思维的培养。
4. 对世界的认识和理解。
5. 生理发育。

6. 创新能力的培养。

国家把学生这六个方面的培养分成三个阶段，每个阶段的要求逐级递增。第三阶段应与《学前学习目标》相衔接，即5岁的孩子应达到的水平。《基础阶段概况》提供了13个概括性量表，涵盖了以上六个方面的内容。

可参阅的相关章节

第25节　如何做好教学评价
第51节　如何发挥游戏在学习中的作用
第58节　如何做好教学研究

应对策略

1. 掌握《基础阶段课程指导》。
2. 掌握《基础阶段概况》。
3. 确定学生学习成绩在学习过程中的作用。
4. 依据《基础阶段概况》，为学生制订新的学习计划。

拓展

营造一个令人兴奋的学习环境，这对培养学生的创新能力非常重要。有时，教师和家长对课程看得过重，学生为了不辜负教师的期望，不得不为实现各种目标而努力学习。这是需要彻底改变的局面。基础阶段的教育应以孩子为中心，课程的安排应符合他们现有的知识水平和兴趣。教师需要精心组织，为学生提供一个愉快的学习环境。教师和其他教辅人员是活动的组织者，孩子们可以自由选择参加或退出。不管是有组织的还是自发的游戏，对孩子们都很重要。在基础阶段，教师是在用一种正式的方法抚育孩子，而不是教育孩子。在《基础阶段概况》的指导下，大人会收集孩子成长的资料，坚持记录下来。以后将针对孩子的需要开展工作，为孩子开设丰富多彩的课程。

第27节　如何应对性别差异

性别差异是人们在生理方面的差异，这种差异也体现在他们的衣着上。性别是由社会标准决定的。教师对性别的看法虽然会受到自己成长经历的影响，但也可能有与养育自己长大的人不同的观点。身为男人或女人的体验，会因为教师所受的教育、结交的朋友、工作经历而不同。所以，在教学中教师要认识到，自己的独特经历是优势也是劣势。作为教师，你自然对学生抱有各种各样的期望，但是你的性别、社会地位和民族背景等因素，都会影响到你对学生和家长的期望。有时让教师始料未及的是，有些学生在家庭教育中养成了不尊重女性或不尊重男性的观念。教师就应该告诉这些学生，女性在很多方面都取得了很大的成就，是值得尊重的。

教师的性别意识会在教学中体现出来，从而影响学生的言行和学习，所以教师掌握一些性别差异的知识有助于正确对待这一问题，减少负面影响。史密斯在《促进课堂教学的策略》一文中概括出学生以下各种性别差异：

1. 男孩擅长空间推理，而女孩擅长语言表达。
2. 女孩开口说话比男孩早。
3. 男孩多谈论和与无生命的物体玩耍。
4. 女孩更能理解人和社会。
5. 女孩通过口头方式解答数学题，男孩则不会那样做。
6. 女孩擅长语言，男孩擅长数学。
7. 男孩比女孩需要更多的空间。
8. 男孩集中注意力的时间比女孩短。

当然，这些只是一般的性别差异。许多学生并不符合以上的模式。然而，了解这些性别差异，教师就可以选择适合学生的教学方法、教学资源和教学事例进行教学。

可参阅的相关章节

第 19 节　如何实现教育公平
第 20 节　如何应对民族差异
第 36 节　了解学生独特的学习方法
第 58 节　如何做好教学研究

应对策略

1. 在教学方法上要考虑学生的性别差异。
2. 采用的方法既能激发语言学习，也有助于非语言学习。
3. 融合视觉辅助手段和语言讲解进行教学。
4. 把学习分成几个步骤，给学生完成全部学习任务的机会。

5. 布置一些能调动情感的作业，如角色扮演、讨论、辩论、或问“如果……你觉得怎样?”之类的问题。

6. 课堂活动既要吸引男孩，也要吸引女孩的注意力。

7. 布置一些有挑战性的作业，给学生们突破以往的学习方式的机会。

第28节　如何实施小组教学

在生活中的许多方面，每个人必须与他人合作。学生要学会与同学合作完成学习任务。许多学校规定，教学过程中要重视学生独立学习和取得个人成就，但往往容易忽视各种小组合作的形式。在小组学习中，谁担任小组长，谁想出点子，谁拿出解决办法，谁的工作出色，都对小组的成功起着重要的作用。教师如果能注意观察这些现象，就会得到一些非常有趣的结论。精心地分好小组，开展小组活动，教师就能培养学生的合作精神，训练他们的合作技巧。和运动比赛、戏剧表演和小组展示一样，共同解决难题也是小组合作学习的一种重要的形式。

小组合作学习也是因材施教的需要。把能力相当的学生安排在一起，安排相同的任务。即使两个学生是同桌，如果能力不一样，也不能分在同一组。当然，在合适的情景中，也可以把能力大小不同的学生组合在一组。教师应该根据学习任务来决定采用什么分组法。还要注意，学生的能力可能因课程不同而不同，因此小组的划分也应该是动态的。

可参阅的相关章节

第14节　如何实施因材施教
第53节　如何运用问题解决模式
第63节　如何培养学习技巧和学习策略
第64节　如何培养学生社交能力
第77节　如何提高班集体教学艺术

应对策略

1. 在合适的环境下，安排小组学习。
2. 由教师来划分小组，偶尔考虑学生自由组合。
3. 当需要因材施教时，根据学生能力分组。

4. 根据任务的要求，调整学习小组成员。

拓展

1980 年，研究人员在对小组合作学习进行的一项调查中发现，当教师给每个学生布置任务后，尽管学生是分组坐在一起的，但小组成员之间的交流多和小组管理有关，只有 9%的交流与教师布置的学习任务相关。

麦克纳马拉研究了课堂上按学生能力分组出现的问题。他指出，班级教学是一个更有效的学习策略，建议把课桌布置成马蹄形，能最大限度地吸引学生的注意力，提高教学的灵活性。

在课堂活动调查中，贝内特等研究人员观察到，很多班级教学都是针对中等能力的学生，对一半学生来说，学习任务不是太难就是过于简单。

尽管小组学习方式还存在一些问题，小组学习的结果也各不相同，但有一点是肯定的：教师应该规范小组活动的讨论形式，这有利于教师确定教学任务和鼓励学生在活动中出谋划策。当教师安排小组学习时，要考虑三个问题：分组的交际性目的和认知目的之间的相互作用；学习任务的类型；任务是否适合学生。

第 29 节　如何布置家庭作业

学校布置家庭作业被视为保证学生在家继续学习的一种方式，是学生走向独立学习的桥梁，它的方法多种多样。学生在家学习时，最好能得到家人的帮助。教师布置的家庭作业要有趣味性，适宜在家里完成，但不受家庭背景的影响。家庭作业的量要适中，要有时间限制。教师最好拟定一个家庭作业计划，让家长知道作业的要求，以便配合教学。不管是在学校还是家里，都要求学生准时完成作业，并对按要求完成作业的学生给予鼓励和表扬。教师要检查和讲评，让学生知道教师非常重视家庭作业，还要让学生明白家庭作业有助于提高学习效果。家庭作业还必须和学校的学习内容密切相关，学生也要清楚作业的要求。

可参阅的相关章节

第 19 节　如何实现教育公平
第 31 节　如何培养自主学习能力

应对策略

1. 确定完成家庭作业所需的时间。
2. 如有可能，让家长知道家庭作业的安排。
3. 确保家庭作业适合学生学习的环境。
4. 家庭作业应紧扣课堂学习内容。
5. 要求学生完成家庭作业，教师要打分或在课堂上讲评。
6. 对完成作业和做得好的学生要表扬。
7. 不要把课堂上没完成的任务当成家庭作业。
8. 如有可能，布置一些学生感兴趣的作业。

拓展

学生、家长和学校对家庭作业有不同的看法。学校方面认为，学生需要在家独立完成大量的作业；而家长则认为，孩子应该在学校就完成学习任务，回到家就应该进行一些娱乐性的活动；学生则认为，生活应该在自由与学习之间取得平衡。另外还有一个有争议的问题：孩子多大年龄时才应该布置家庭作业呢？

一些学校不鼓励教师把没完成的任务交给学生带回家，在他们看来，教师这么做，是因为教师对课堂学习任务的量估计不准确，或者他们认为这么做只会鼓励学生在课堂上故意效率低下。

另一个值得讨论的问题就是作业的形式。教师应该让孩子们完成 20 道题，还是只做一道题然后讨论解题方法？在一个特定的家庭环境里能否完成作业？有些地方已设立了“家庭作业俱乐部”，专门针对那些家长在外上班，或者家庭环境不适合学习的学生。

海斯撰写的《小学课程教学安排和课堂组织》一书论述了家庭作业的相关事项，如教师布置家庭作业时需要考虑什么因素。他警告说，家庭作业只是浪费时间，根本不能代替教师教学。值得思考的问题是：学校要学生做什么以及这么做的理由。穆伊斯和雷诺兹在《有效教学：理论与实践》一书中也对家庭作业的有效性进行了探讨。

第 30 节　如何实现融合教育

融合教育在狭义上是针对那些有特殊教育需求的学生，在广义上它包括因种种原因可能被排除在学校教育之外的所有学生。它主要针对：

1. 因逃学、长时间生病或长假缺课的学生。

2. 对学习缺乏兴趣的学生，欺凌他人的学生及其受害者。

3. 因违反校规而即将被开除的学生。

4. 家庭贫困、营养不良、住房条件恶劣、家长照顾不周和由福利院等机构照顾的孩子。

5. 无业游民、难民或移民的孩子。

从社会角度来讲，融合教育就是要为所有孩子提供高质量的教育，它的实质是排除经济、民族和性别歧视等因素的干扰，同时采取措施保证每个孩子接受正规的学校教育。为了达到这一目的，家长和教师以及教育机构必须精诚合作，联手维护每个孩子接受教育的权利。在英国，普通学校提供的教育满足了每个孩子的各种不同教育需要。

融合教育的核心是解决学生的学习障碍。对教师而言，寻找方法扫除学生的学习障碍是进行全面教育的关键，但是造成这种障碍的重要原因之一就是在教育圈子里常见的教师成见和偏见，所以教师必须在教育中做到不偏不倚。遇到难教的学生，教师往往首先想到的是他们的缺点和不足，而忽视他们能完成的任务和其他方面的能力。教师在介绍学生时所用的方式往往反映出教师的思维定式，比如，“这是约翰，他看的书字体比一般书大一号，因为那些字对他而言小了点”，这样介绍比说“约翰有视力问题”、“约翰是盲童”更有积极意义，不会让学生感到自己与众不同而有被排斥的感觉。融合教育对教师提出了更高的要求，要求他们要排除成见和偏见，寻找方法解决学生的学习障碍，保障学生接受正常的学校教育。

可参阅的相关章节

第 14 节　如何实施因材施教

第 19 节　如何实现教育公平

第 21 节　如何评价课堂教学

第 65 节　如何满足特殊教育需要

第 71 节　如何发挥教学团队作用

第 78 节　如何加强与教学相关人员的合作

应对策略

为清除学生的学习障碍，教师可以采用如下策略：

（1）发现问题学生的优点。

（2）表扬问题学生的努力和成绩，哪怕是很小的进步也要表扬。比如，一个好动的学生保持了两分钟的安静，教师应该表扬他（她）的这一进步。

（3）不要随意批评和训斥学生。不能一听到背后传来噪音，教师就批评班上的“惯犯”。不然，如果噪音确实不是他（她）发出的，就会使他（她）的调皮捣蛋“升级”。“老师太不公平啦，老是针对我！”诸如此类的抱怨也会给问题学生找到借口，不遵守学校的规章制度。

（4）和辅导教师有效合作，得到他们的帮助。

（5）全面了解造成学生学习障碍的原因。

拓展

消除社会歧视和教育歧视，建立面向全社会的学校是英国政府制定的教育政策的核心，在英国儿童法案中也得到了具体体现。在英国的各所学校，教师要对每一个学生负责，并接受国家对教育工作的严格检查。国家还采取各种措施鼓励教育部门之间的合作，保证教学工作的顺利进行。

融合教育与消除社会歧视所强调的内容是一致的，其实质是要尽最大努力满足不同学生的学校教育需求。政府可以采取多种方法实现这一目标。

1. 聘请大量的辅导教师来协助教师教学，对全班、小组或学生个体进行辅导，并将其列入教学改革日程。

2. 要求学校设法减少学生缺课的机会。许多学校采取学生在学校吃早餐，奖励全勤等措施保证学生准时上课，让他们乐于学习，减少学生缺课的机会。对于因为有不良行为、违反校规校纪要被开除的学生，可给予留校察看处分和特别教育，保证他们有机会继续学习。

学校可以在一些特殊班级里采取个性化辅导、开设因材施教课程和周密安排时间等不同措施，积极满足不同学生的学习需求，实现融合教育的目标。

第31节　如何培养自主学习能力

教师的职责不仅是传授知识，更重要的是培养学生成为自主学习者。这项任务虽然艰巨，涉及多种复杂的因素，但是这一目标的达成能带来丰硕的成果。它能使学生树立“学习好、行为良”的理想，并以此为荣。

学生要学会对自己的学习作出决策。他们应该自主地学习，而不是遵从教师“你必须学”的命令，不得不学习。与此同时，他们还要明确自己的学习目标和学习动机，端正学习态度，希望自己在课堂上表现良好、尊重他人。

教师应该创造机会，让学生参与学习决策。但这不是说不要教师指导，抛开纪律的约束。学生的自律是建立在他们对纪律的认识之上的。所以，教师要先制订原则，然后通过与学生交流，指导全班学生逐步作出独立的学习决策。对班上那些独立能力较强的学生，教师可以圈定范围，单独给予指导。这种单独指导和个性化学习是相辅相成的。

可参阅的相关章节

第2节　如何培养主动学习能力
第15节　如何有效执行校纪校规
第21节　如何评价课堂教学
第46节　如何激发学生学习动机
第53节　如何运用问题解决模式
第62节　如何建立学生自我评价机制
第63节　如何培养学习技巧和学习策略

应对策略

1. 促使独立能力较强的学生尽可能地参与自己的学习决策过程。

2. 和全体学生讨论他们应该达到的学习目标和采取的学习方法。

3. 清楚了解学生完成某些特定学习任务的原因、目的和目标，实现个性化学习。

4. 确保学生可以自主使用一定的教学资源，如果条件允许，让学生有更多的选择权。

5. 督促学生自主决策。

6. 利用合适的时机鼓励学生互相帮助。

拓展

培养学生成为自主学习者是一个长期的过程，教师首先要明确这个任务的艰巨性，然后要仔细思考培养过程中的每一个环节。学生可大致分为两类，有一些学生喜欢独立地完成学习任务，他们有很强的学习动机，对教师布置的任务都非常感兴趣。而大多数学生在学习上对教师的依赖性很大，他们完全依靠教师发指令。一些教师认为这样的学生好管理，非常满意这种状况。教师的管理固然重要，但更重要的是培养学生的自我控制能力。一个明显的例子就是教师离开教室，学生还会认真学习吗？这就需要学生独立学习。教师可通过一系列经常性的训练达到这个目标：培养学生自主决策的自信；训练他们选择和使用有用信息的技能；帮助学生了解学习目的；激发他们的学习热情；让学生了解获得补充资源的途径。

第 32 节　如何设置课堂指令

发出清楚的指令，让学生知道马上就要上课了，这是让学生集中注意力的一个步骤，也是教师应该首先掌握的教学技巧之一。课堂指令要做到简洁明了、干脆利落、语气坚定、声音悦耳，使学生愿意接收。通常，教师在课堂中都要重复指令，有时是为了特别针对某些学生。较大的教室，教师可通过拍手来吸引学生的注意，而无需对着学生吼叫。下面就是一个很好的例子：

教师先拍手两次，然后说："各位同学注意，马丁、阿布道尔、夏尔达，还有苏珊请看这里。好，现在注意，我要从每组里抽一个学生把这些实验仪器分发给大家，其他同学把自己课桌上无关的东西拿走。明白了吗？"（教师扫视全班，关注学生对指令的反馈）"谁先准备好谁就先发，开始！"

教师可以先针对全班发教学指令，然后再针对个人。教师可以说："现在大家开始做实验。约翰，开始吧！"教师每次只发一个指令，因为学生如果同时接收到几个指令就会很茫然，不知所措。教师不要过多地重复指令，否则会使学生不重视教师第一时间发出的指令。对按照指令做的学生，教师要用微笑、手势和其他肢体语言等方式表扬。

教师在备课时，先把要使用的教学指令和活动记录下来，最好准备几种不同的指令模式，然后在实施之前找些接收指令较慢的学生检验其有效性，最后根据学生的反馈情况，选择最佳方案。辅导教师可以帮助你完成这些工作，也可以通过录制磁带在班上播放来检验指令的有效性。简单的语言，简短、清晰的句子结构，是成功的教学指令的关键。

可参阅的相关章节

第 7 节　如何提高课堂语言艺术
第 8 节　如何促进师生学习交流
第 13 节　如何提高课堂示范艺术
第 15 节　如何有效执行校纪校规
第 21 节　如何评价课堂教学
第 23 节　如何提高课堂讲解艺术
第 31 节　如何培养自主学习能力
第 54 节　如何营造良好的学习氛围
第 57 节　如何建立良好的师生关系
第 74 节　如何合理安排课堂时间
第 75 节　如何提高课堂过渡艺术
第 77 节　如何提高班集体教学艺术
第 78 节　如何加强与教学相关人员的合作

应对策略

教师在发出教学指令时，要做到：

1. 发出清晰的信号，吸引学生注意。

2. 语气自信，声音清楚，仪态大方，面带微笑，和学生有目光交流。

3. 指令准确无误，清楚自己指令的目的和达到目的的方法。

4. 言简意赅。

5. 指令要自信、坚决。尽量多用“谢谢”，少用“请”，因为“谢谢”表现了教师对学生执行自己指令的自信，而“请”含有恳求的意思，降低了指令的自信度。

6. 通过重复，保证指令实施。

7. 和没有执行指令的学生单独交换意见。

8. 用肢体语言表扬积极执行指令的学生，营造良好的学习氛围。

9. 发给学生的教学书面要求必须简单明了。

(1) 语言简单明了，避免用消极语言或用学生不熟悉的术语。

(2) 使用短句，重复主语，避免用代词指代。(比较：“猫醒了，猫出去了”和“猫醒了，它们出去了”，学生认为前句比后句容易理解。)

(3) 用清晰的字体和字号。

(4) 书面作业的要求必须做到结构简单明了。

10. 保证每个学生都清楚全面地理解了书面作业要求。

11. 寻找合适时机，测试学生对书面作业要求的理解度，并作出适当调整。

12. 对有阅读障碍的学生，教师要给予特别的帮助，对指令作出补充说明。

拓展

教学指令是课堂管理和课程计划的有机组成部分，它维持教师的日常教学管理，有利于学生的学习。但是教师也要思考怎样才能让学生做一个自主学习者，自己决定什么时候该做什么，怎样做，在哪里做，而不是让学生仅仅遵从教师的指令。

第 33 节　了解儿童智力发展规律

儿童智力发育研究就是研究他们是如何学习的。关于智力发育的著作虽多，但除行为主义理论外，大多数著作论述一致。这里主要介绍四种主流理论。

1. 行为主义理论产生于 20 世纪 20 年代，它强调学习使儿童行为发生改变。其中，著名的代表人物有心理学家巴甫洛夫、斯金纳和班杜拉，提出了有名的“刺激—反应”论。在教师的指令和对学生的行为管理中，到处可见这种理论的应用。

2. 瑞士著名心理学家皮亚杰的认知发展论强调行为和认知是主客体相互作用的产物，即生物适应论的观点。他认为影响儿童智力发展的因素主要有两个方面：一方面是生理的成熟；另一方面是环境，包括物理和社会环境。儿童的大脑一经与外部世界接触，就会积极认识它，在适应环境的过程中向环境学习，不断变化，丰富和发展自己的知识，改变自己的行为以适应环境。皮亚杰观察了许多学前班儿童在学习中所犯的错误和对外部世界的一些错误观念，得出了这样的结论：儿童的认知发展是一个不断修正自己错误的过程，他们不断优化自己的知识结构，以适应环境。

皮亚杰认为，在个体从出生到成熟的发展过程中，智力发展可以分为不同质的四个主要阶段：感觉运动阶段、前运算阶段、具体运算阶段和形式运算阶段。在皮亚杰看来，并不是所有的儿童都在同一年龄达到相同的发展阶段。但是，儿童发展的各个阶段的顺序是一致的，前一阶段的完成必然是达到后一阶段的前提。阶段的发展不是间断性的跳跃，而是逐渐、持续的变化。0~2 岁是儿童的感觉运动阶段，他们通过自己的感觉与动作来了解世界，他们认识世界的行为逐步由任意性转变为有目的性；在 2~7 岁的前运算阶段，儿童已开始理解抽象概念，能用语言表达概念和用符号代表实物，能进行一定的符号思维，但不合逻辑，不能看到事物的整体；在 7~12 岁的具体运算阶段，孩子能根据具体经验思维解决问题，能理解可逆和守恒的概念，他们的逻辑思维得到快速发展；12 岁以后的青少年抽象思维发展迅速，此时被称为形式运算阶段。但因为皮亚杰分阶段孤立地研究儿童，他的理论现在受到广泛的批评。

3. 教育家维戈茨基提出了文化历史发展理论，他认为人的一切活动都应当是从历史、社会环境及相互联系中加以理解，明确了文化历史因素在心理发展中的作用。他最早提出了儿童外部动作“内化”为智力活动的理论，强调儿童“活动”的作用，并运用儿童外部活动和内部活动相互转化，揭示儿童思维发展的模式。他认为儿童和周围的人们进行社会交流，通过外部活动吸取知识，然后逐步内化吸收，这就是儿童智力发展遵循的模式。维戈茨基还发现家长和教师与儿童之间存在着大量的“鹰架教学”情景。例如，学生在学习和玩耍时，家长和教师为儿童提供的不全是那些“婴儿”语言，他们使用的语言包含一部分的正规语言，这种语言支持就是一种鹰架。家长和教师通过重复重要的语句和使用手势，强调儿童言语的含义，对儿童的言语作出反应，作出示范来指导他们，为他们的学习创造了一个鹰架，帮助他们顺利地学习发展。

4. 信息处理论源于计算机编程，虽其理论基础不严密，但实用性很强。与计算机工作原理相似的联结模式把儿童的学习和大脑功能结合起来，了解这一理论，对教师的教学有很大的指导意义。这种理论在课堂教学中得到充分运用，一个极好的例子就是，教师通过把学生已学知识和要学知识联结起来，易化新知识的学习。

所有这些理论和模式都为教师提供了有益的指导，没有它们的指导，教师的教和学生的学就不能顺利完成。教师在教学实践中会发现，学生的学习确实存在阶段性，学生是积极的、能动的学习者，教师的指导能发挥积极作用，但有时也会起负面的作用。所以，了解大脑的生理学知识有助于教师的教学。教师应从所有的发展理论和模式中吸取营养，把它们运用到实践中，指导实践。这些理论的重要性对教师不言而喻，但本书只提供了了解儿童大脑的发育和学习过程相关理论的简单框架，以作为学习这些知识的引导。

可参阅的相关章节

第 2 节　如何培养主动学习能力
第 14 节　如何实施因材施教
第 15 节　如何有效执行校纪校规
第 34 节　如何引导学生的学习和行为
第 39 节　了解儿童语言发展规律
第 58 节　如何做好教学研究
第 64 节　如何培养学生社交能力
第 72 节　如何培养学生思维技能

第 34 节　如何引导学生的学习和行为

教师的引导主要指参与学生小组或个体的学习活动，采取提问、请学生当小老师等方式，帮助他们完成学习任务。对学生的有效引导可以促进他们的思维发展。在提问时，教师不要立即给出答案，否则学生会对学习失去兴趣；问题也不能太简单，否则对他们解决问题的能力无益，因为培养学生解决问题的能力是学生自主学习的一个方面和教师要达到的重要目标之一。

教师也可以加强对学生行为的引导，以预防学生不良行为的进一步恶化。根据对每个班学生日常行为的观察，教师要立即对诸如不同寻常的噪音，调皮学生的坐立不安、思想开小差等现象，采取有效措施，防止事态进一步恶化，避免最后不得不处罚学生。

可参阅的相关章节

第 15 节　如何有效执行校纪校规

第 28 节　如何实施小组教学
第 31 节　如何培养自主学习能力
第 39 节　了解儿童语言发展规律
第 40 节　如何提高倾听和交流艺术
第 51 节　如何发挥游戏在学习中的作用
第 55 节　如何提高问答教学法艺术

应对策略

1. 掌握每个学生需要教师引导的程度。
2. 教师最好采取提问的方法来引导学生，促进学生独立思维。
3. 提前引导，预防情况进一步恶化。
4. 时常关注调皮捣蛋的学生，给他们敲警钟。

拓展

20 世纪前半叶的俄罗斯作家和教育家维戈茨基，主要从事研究儿童发展与教育心理工作。他着重探讨思维和语言、儿童学习与发展的关系问题，创立了著名的文化历史发展理论。他的理论中“最近发展区”是大家最熟悉的概念之一，最近发展区概念中包含两种行为水平：独立行为水平和帮助行为水平。最近发展区是指这两种水平之间存在的一个区域，儿童在最近发展区内的发展就是帮助行为转变为独立行为的过程。因此，最近发展区事实上是指儿童实际心理年龄所能达到的水平与儿童依靠帮助所能达到的水平之间的差异，是学生学习潜能的指向标。最近发展区概念除了能让教师更重视儿童的发展潜力，更理智地评价儿童的能力之外，还能使教师在教学过程中对成年人与儿童的互动作用给予更多的关注。教师可用各种手段调整问题解决的难度，使儿童能在自己的最近发展区内发展认知策略，实现潜在的技能，获得独立行为的能力。优等生在教师的问题引导下，理解力和表达力均得到显著提高。这就是最近发展区理论在教学中的实例。

鹰架教学是在运用最近发展区理论的过程中提出的，是解释教师与儿童互动机制的一个术语。如果教师为儿童在最近发展区内提供一个鹰架，就能使学生在一个更高的水平上有所作为。今日儿童需要的帮助行为，明日可能就是其独立行为；现在需要大量帮助才能完成的学习任务，可能不久就只需要很少的帮助或者无需帮助就能完成。整个教学过程，事实上是教师与儿童之间的责任转移。开始学习时，成年人的责任是为儿童提供复杂的干预和大量的鹰架，给予儿童一定的指导，包括为儿童提供正确的示范；提醒儿童不要遗忘；减少或简化解题的步骤，使儿童能操作；保持儿童追求目标的兴趣；指出儿童的现实行为和理想行为之间的差别；控制失败的发生率，演示儿童正在进行的行为的理想状态等。在此过程中，孩子开始的角色是观察者，后来变成参与者。教师则确定什么时候移走鹰架，增加儿童的最终独立行为。随着儿童在活动过程中发挥的作用越来越大，行为的责任开始转移。换言之，教师把学习任务逐渐移交给儿童。使用鹰架并不会使学习任务本身发生变化，但是学生的行为责任却增加了。默瑟和道斯研究发现，用鹰架教学和最近发展区能解释课堂上师生间和学生之间的对话是如何促进学习的原理。

伍德和米德尔顿观察一群四岁儿童和他们的母亲一起堆积木，发现母亲们会根据儿童堆积木时遇到的困难适时给予引导，有时完全帮儿童堆积木；有时在儿童堆的积木模型上加一两块，给他们一些提示；有时只是口头指导。如果仔细观察研究教师在小学教学中对学生的指导，就会发现这与伍德和米德尔顿的研究结果相吻合。

第 35 节　如何设置教学目标

教师在制订中长期教学计划时，一定要明确学生应该达到的目标。一节课的教学目标有时是巩固上节课的内容，有时是测试学生掌握知识的程度。总之，教学目标涉及学生吸收一定新知识和掌握某种新技能的要求。教师可用“介绍……达到……练习……运用……修改……评价……”等结构明确教学目的。

教学目标强调学生学习的质量和过程，而不是学习任务的完成，任务是达到目的的手段。例如，“在空白处填写 3 的倍数”只是教学任务，没有说明要掌握什么数学技能，而“介绍 3 的乘法口诀”才是教学目标。教师有时一节课会制订一级目标和二级目标，以便于实施因材施教。

操作性强、条理清楚的教学目标可以保证教学工作顺利进行，教学重点突出。由于明确了对学生的要求，因而可以简化学生评价工作。有时教师对学生在课堂上的评价标准是教学目标的组成部分，有时两者完全重合。所以，很有必要记录每个学生、小组和班级是否达到了要求，作为制订后续的课程教学目标和计划的依据。

可参阅的相关章节

第 2 节　如何培养主动学习能力
第 14 节　如何实施因材施教
第 21 节　如何评价课堂教学
第 25 节　如何做好教学评价
第 26 节　基础阶段教育
第 37 节　如何编写课时教案
第 44 节　如何制订学期计划
第 52 节　英国小学教育政策

应对策略

1. 充分利用二级目标，针对学生个体，实施因材施教。

2. 不要混淆教学目标和教学任务，教学目标应该具体描述应该达到的课程要求标准。

3. 制订的教学目标应该在一两堂课内实现。

4. 根据学生之前的学习情况，制订新的教学目标。

5. 每节课都要有传授、巩固和运用知识的环节，但不一定每一节课都制订一个新的教学目标。

6. 教学目标要和教学评价有机结合起来。

拓展

如果教学目标清楚、具有可操作性，学生又清楚理解了每节课的学习目的，那他们的学习积极性就会提高。为了让学生在课前了解教学目标，教师可以采用不同的手段，有些教师采用在黑板上板书的方式；有些教师则通过让家长了解学习目标之后，传达给学生。教师可以根据策略的有效性确定最佳方法。

仔细制订的一系列教学目标和要求，不仅要有利于学生的学习进步，而且要为检查教师的学年计划和学期计划的连续性提供依据。教学目标和要求不是一成不变的，教师要根据具体情况适时修改：有时学生没有达到既定目标，第二天可再尝试；当学生碰到他们感兴趣的教学内容、学校发生的大事、学生带来的新奇玩具等，他们有能力学到超出教学要求的知识，这些突发情况和你计划的活动同样有助于达到教学目标。但是，教师应该就学生从变化的计划中所获得的知识作出评价。这是非常有益的经历，因为教学充满了不可预料性。

第36节 了解学生独特的学习方法

因为每个人都有自己独特的学习方法和方式，所以教师的职责就是在教学中充分发挥学生的学习方法优势，尽可能为学生提供他们改善学习状态所需的各种策略和方法。

人们依靠五官来感觉和了解世界，但对五种感觉，每个学生的依赖程度不一样。有的学生是视觉型，有的是听觉型，有的是运动感觉型。无论是哪一种类型，教师都不可忽视学生对五种感觉的依赖程度，在实际教学中用视、听、动这三种感觉来传授知识，具有很强的现实意义。

视听动教学法的主要方法如下：

视觉教学法——教师可以准备画片、图表、挂图等视觉图像加深学生对课本知识的理解，用数字光盘、广告张贴画、视频资料、演示图、流程图、故事概要提示图等方式提高学生记忆力。

听觉教学法——教师创造机会，通过听的方式和学生交流学习任务和内容，如通过听收音机和播放录音等方式让学生在头脑中建立知识框架，用声音巩固知识。

动觉教学法——在讲解和示范过程中，教师用角色扮演、室外游戏、手势、肢体语言等吸引学生积极参与教学。

可参阅的相关章节

第2节　如何培养主动学习能力
第14节　如何实施因材施教
第16节　如何展示学习成果
第33节　了解儿童智力发育规律
第53节　如何运用问题解决模式
第59节　如何有效利用教学资源
第72节　如何培养学生思维技能

应对策略

1. 识别不同学习方法和方式的前提是承认学生有自己独特的学习方法和方式。这种认识可以帮助教师识别学生调皮捣蛋行为的真伪，比如，运动感觉型学生的坐立不安是希望积极参与教学活动的信号，而不是违反课堂纪律的不良行为。

2. 观察学生对教师使用的学习方法和方式的反应，可以帮助学生改进他们的学习方法。

3. 教师都有自己偏爱的教学方法，在制订教学计划时要有意识地考虑其他的方法。

4. 与学生讨论和探索不同学习方法和策略的利弊，使他们意识到学习方法和策略的重要性。

拓展

教师通常认为学生的学习方法和他们的认知方式是有联系的，但这个观点有待于科学研究证实。里丁和拉耶在研究大量实例后发现，学习方法和方式可以大致分为两类：系统分析学习方式和诵读想象学习方式。采用前一种学习方式的学生从整体上把握知识，而采用后一种学习方式的学生习惯于通过口头表达和头脑想象来掌握知识。

加德尔在研究中简单地区别了如音乐型和数学型等明显的智力种类，但他的区别比较粗略。更合理的理论是复合智力理论，这个理论指出，人们在解决不同问题时采取不同的方法，每个人都有自己擅长的方面。加德尔的理论在美国的教育界受到推崇，从幼儿园到高等教育，随处可见加德尔理论所带来的影响。教师和教学队伍鼓励学生认识和发展自己的智力优势，挖掘自己的潜力。

第 37 节　如何编写课时教案

课时教案仔细记录了教师一节课的结构和组织方式，它必须与教学学年计划和学期计划保持一致。它包含教师一节课的时间安排、具体内容、使用的教具和资源。课时教案的具体格式因人而异，但它必须涵盖如下内容：教学目的、评价标准、时间安排、分组方式和时间、教学活动组织形式、教具和教学资源、教学内容、教学要点等。

教师制订课时教案时，最好附上后备方案，以备优等生和突发情况之需。方案的最后要设计总结时间段，再次强调本节课的教学目的，保证学生对学习内容有一个清晰的了解。

教师的课时教案在授课时最好用透明的塑料文件夹装订，既可保持清洁，又便于阅读，把它放在手旁，以便随时使用。

在英格兰，《国家语言教学策略》和《国家数学教学策略》详细规定了语言课和数学课的教学结构。

可参阅的相关章节

第 7 节　如何提高课堂语言艺术
第 8 节　如何促进师生学习交流
第 21 节　如何评价课堂教学
第 23 节　如何提高课堂讲解艺术
第 26 节　基础阶段教育
第 28 节　如何实施小组教学
第 32 节　如何设置课堂指令
第 35 节　如何设置教学目标
第 42 节　如何制订学年计划
第 44 节　如何制订学期计划
第 48 节　如何掌握教学节奏
第 52 节　英国小学教育政策
第 75 节　如何提高课堂过渡艺术
第 77 节　如何提高班集体教学艺术

应对策略

1. 充分备课，制订课时教案，增强教学目的性。
2. 严格遵守课时教案中的时间安排，特殊情况除外。
3. 保证在每节课开始和结束时向学生强调教学目的。
4. 教案要简洁、易读，可用着重号或记号笔标记关键词和重点。
5. 时刻运用评价手段，检查课时教案的执行情况。

拓展

穆伊斯和雷诺兹把课堂教学分为两类：填鸭式和交互式。大多数的课堂会综合运用这两种形式，因为一项学习任务有时需要几节课才能完成，教师的知识输出和学生的练习巩固都是必不可少的。以教学时间安排和教学内容为例，教师一般采用“三段式”教学模式：教师讲解—学生小组活动—教师总结。第一部分教师的讲解通常应该包括对相关旧知识的复习。《国家语言教学策略》和《国家数学教学策略》都综合运用了班级教学和小组教学的形式。

教师在制订详细的教学活动方案时，要思考如下几个问题：教学目的、评价标准和模式、教学内容、教学活动组织方式和安排、拓展活动、课堂总结、教学评价手段。此外，教师不仅要考虑学生的活动，还要明确自己的作用和任务，特别是在小组活动时，有时教师维持课堂纪律的时间占用了讲解时间。另外，教师要考虑学生完成学习任务时的速度，要制订切实可行的计划处理学生提前完成任务和不能准时完成任务这两种特殊情况。

第 38 节　如何做好学习水平描述

英格兰国家教学课程的教学评价规定，教师应该对学生学习成绩水平进行描述，具体评价学生达到课程标准等情况。教师要根据学生成绩和表现是否达到课程标准，对学生作出“最合适的评价”，而学生的成绩和表现与他们完成大纲要求有直接联系。根据课程标准，在英格兰和威尔士，7 岁的孩子平均应该达到 2 级水平，11 岁达到 4 级水平。

学校内部教学评价参考的一项指标就是学生学习的水平描述。国家要根据水平描述，在第一个关键阶段学习结束时，评价学生的英语和数学的学习水平；在第二个关键阶段学习结束时，评价学生的英语、数学和自然学科的学习水平。但在威尔士已经取消了 7 岁学童的考试。学生参加国家统一考试的成绩和教师评价都要通知家长，以便家长了解学生学习情况。

可参阅的相关章节

第 25 节　如何做好教学评价
第 26 节　基础阶段教育
第 52 节　英国小学教学政策

应对策略

1. 设定符合国家教学大纲的学习内容和任务。
2. 详细记录学生的学习情况，为实现大纲目标提供足够的资料。
3. 明确学生学年评价要求，建立评价和记录体系。

拓展

国家考试是以终结性评价方式给家长、学生和教师反馈孩子所取得的成绩，这是和全国同龄学生相比较的成绩。从学校的角度来说，学生成绩反映了学校的教学水平。

教师应该清楚，考试只测试了学生的部分知识。“最合适的评价”只表明这个学生达到了绝大多数指标，但不是全部。教师平时的教学记录形成的评价才可能准确评价学生已经掌握了什么，还有什么没有掌握。即使这样，教师也难以准确评价和了解在某个阶段学生掌握知识的具体程度。

第 39 节　了解儿童语言发展规律

科学家发现，婴儿出生时对母亲的语言本身没有任何反映，他们的注意力放在母亲话语的节奏、音高和韵律上。10～12 个月大的婴儿逐渐熟悉这些音素，并能加以区别，同时把词语的音和义联系起来，开始说出第一个字，便有了语言。由于英语语法不规则，儿童学习语法的时间较长。很多 2～3 岁的儿童语言准确性只有 90%，很多儿童的语言还需要家长纠正。这说明为学龄前儿童提供丰富的语言环境有助于儿童的语言学习和发展。

为了促进儿童的语言发展，教师和家长应了解正常儿童语言发展的关键阶段。

1. 出生时，婴儿通过哭声表达不高兴，但经过一段时间的发展，他可以用哭声表达诸如满意、打招呼等情绪。
2. 0～6 个月的婴儿开始识别辅音和元音，对家长的儿语作出回应。
3. 6～12 个月的婴儿开始咿呀学语，形成儿童话语。
4. 12～18 个月的儿童可以发出“妈妈”、“爸爸”等简单词语，借助手势和简单词语，能表达自己想要的东西。
5. 18～24 个月的儿童开始认识很多东西，词汇量迅速增加，开始说出语序正确的两个词的句子，但还不会用功能词。

6. 2～3 岁的儿童通过家长纠错，语言能力迅速发展。开始说出三个词的句子，同时学着加入谈话。

7. 3～5 岁的儿童说话流利，所用的语法和句法越来越复杂，开始会用疑问句，还能根据环境改变说话形式，家庭内外所用的语言不同。

8. 5 岁到少年阶段，词汇量猛增至 30000 个，语法结构更复杂，能理解和自由运用语言，并掌握了指代、隐喻、讽刺等多种修辞手段。

儿童的语言发展是自然的、有规律可循的，而他们的读写能力则依靠后天培养。只有通过学习文字符号的意义，建立与现实世界的联系，发现书面语和口语的异同，才能获得读写能力。以英语为例，儿童要了解复杂的文字符号系统，才能学会读写。他们首先要学习 26 个字母、44 个音标、语法规则及其特殊规则，还要理解字母和音标不是一一对应的关系，掌握在单词中一个字母可以有四种不同的发音等复杂的语言知识。这种语言的复杂性正是造成儿童读写障碍的主要原因，家长和教师要加强这方面的指导。通过指导，大多数儿童到 8 岁就有阅读能力，然后写作能力逐步发展。值得注意的是，同龄儿童的读写能力之间差异较大，不能为他们规定统一要求。

可参阅的相关章节

第 14 节　如何实施因材施教
第 18 节　如何处理母语与第二语言的关系
第 27 节　如何应对性别差异
第 33 节　了解儿童智力发展规律
第 58 节　如何做好教学研究
第 64 节　如何培养学生社交能力

第 40 节　如何提高倾听和交流艺术

学校是学生接收新知识的场所，但他们不是一张白纸。在家庭教育的影响下，学生已经具有初步的知识和道德基础。教师在教学中，就要合理地把学校教育和家庭教育结合起来，利用儿童既有知识和经验提高学校教育质量。

教师通过倾听学生的心声，来耐心地与他们平等交往，尊重学生，激发学生积极地参与学习，发挥他们既有知识和经验的长处。与学生保持良好的沟通和了解，是营造良好学习环境的第一步。

教师和学生建立良好的教学关系，在本质上和成为学生的知心朋友有不同之处。良好的教学关系是以教师为主导的双向关系。当学生意识到教师重视他们取得的学习进步时，他们的学习积极性会增强。教师与学生交往时，也要通过言行暗示自己的教师身份，遵守交往原则，学生自然也会照此处理与教师的关系。关于这一点，本书“如何建立良好的师生关系”一节将有更详细的阐述。

可参阅的相关章节

第 7 节　如何提高课堂语言艺术
第 8 节　如何促进师生学习交流
第 12 节　如何应对文化差异
第 20 节　如何应对民族差异
第 45 节　如何处理概念误解问题
第 53 节　如何运用问题解决模式
第 57 节　如何建立良好的师生关系

应对策略

1. 创造机会，发挥学生既有知识和经验的长处。
2. 找时间倾听学生的心声，可用正式或非正式的方式。
3. 对学生和他们的学习都要关注。
4. 引导学生进行讨论，并作出相应的回应。
5. 与学生共同学习倾听艺术。

拓展

波拉德研究了课堂中的师生对话，得到一些有趣的结论。他在 1980 年进行的一个研究中发现，儿童与教师的交流占全天教学时间的 12%；而在 1994 年的研究中，这个交流时间上升到 40%。在教学大纲中语言课和数学课占重要地位，班集体教学促使这个数字的上升。这说明成功的师生交流在班集体教学中极端重要，它包括教师准确地向学生传授知识、学生的倾听、教师倾听学生的心声和教师对此作出回应四个方面。教师发问—学生回答—教师评价是常见的教学模式，并得到广大教师的认可。但这种问答模式并不是真正意义上的讨论和交流。

波拉德和他的同事通过研究，把倾听行为分为四种形式：交流式、反应式、辨别式和欣赏式。交流式的倾听行为是交流双方在真正的意义上探讨某个问题；反应式的倾听是指通过倾听对指令做出相应的回应；辨别式的倾听是区别不同声音的倾听行为；欣赏式的倾听是给倾听者带来愉悦的行为，比如听故事、音乐、诗歌等。教师应该思考自己在课堂是如何运用这些倾听方式的，改进并提高这一教学技巧。

第 41 节　如何培养读写、计算和信息技术能力

在学生的学习和生活中，听、说、读、写能力和运用、理解数学的能力对他们的学习和将来的发展至关重要，同时，随着社会的发展和对计算机依赖性的增加，现代信息和通信技术在人们的工作和生活中起着越来越重要的作用。教师在课程计划和教学中，除了考虑培养学生的语言和数学这两种能力外，还要创造机会培养他们掌握现代信息和通信技术的能力。

教师应通过各种课程培养学生的语言、数学和现代信息通信技术能力，比如，教师可用多媒体技术，方便地展示图片、地图和观看影片，使教学中抽象概念的讲解、运算过程、事实列举等教学活动具体而形象。无论学习什么课程，学生都要能以口头和笔头的形式清楚地陈述观点，表达思想，其中讨论学习方法、课程概念、学科思想就是很好的读写训练；同样，所有的课程都有特定的计算能力要求。

在学校，信息技术的运用主要体现在两个方面：教师可以大量运用这些技术辅助教学，提高教学质量；信息技术还可以辅助学生的学习，培养学生运用信息技术的能力，从而达到提高学习水平的目标。教师可用读写、计算和现代信息技术从以下几个方面提高自己的教学水平：

1. 制订学年、学期教学计划。
2. 进行教学评价，详细记录学生表现。
3. 准备教学材料。
4. 提高读写、计算和运用现代信息技术的能力。

同时，读写、计算和现代信息技术的运用，可以巩固学生所学知识；另一方面也可以丰富学生学习经历，提高语言和计算能力以及运用现代信息技术的能力。

教室中的多媒体设备包括投影仪、屏幕、影碟机、计算机、音箱、录音机等一系列设备，教师需精心安排教室中众多设备的使用。例如，教师是否使用投影仪、手提电脑，学生是否需要人手一台计算机。同时，对设备使用的具体过程和设备可能出现的问题都要做好方案，以期达到最佳效果。

可参阅的相关章节

第 37 节　如何编写课时教案

第 44 节　如何制订学期计划

第 59 节　如何有效利用教学资源

应对策略

1. 在制订中期计划时，把语言、数学和现代信息和通信技术三个因素纳入计划。

2. 在多媒体环境中进行教学活动时，要组织好课堂教学结构，明确教学目的和教学内容。

3. 只有一台计算机时，要精心挑选和安排内容，保证每个学生依次轮流使用。培养擅长计算机操作的学生为教师的教学小助手，以便辅导其他学生。

4. 如果只用一台计算机，最好配置投影仪或大屏幕，以便于师生互动。

5. 提供各种形式的语言、数学和信息技术的训练。

6. 开设专门的计算机操作知识课程，提高学生操作能力。

7. 把培养学生的计算、读写和计算机能力有机结合，促进课程学习。

8. 在授课前，检查设备的硬件和软件，保证设备运转正常。

9. 测试和检验在课堂上使用的各种现代信息和通信技术。

拓展

由于计算机的普及，特别是互联网的发展和其丰富的资源，使教师不得不反思传统的教学手段，教师掌握并在教学中运用这些技术已成为必然趋势。同时，教师也必须探索这一趋势带来的后续问题，比如，某些贫困家庭的学生由于没有计算机所面临的困境，学校是否应该为学生提供课后使用设备的便利？

另一个令教师头疼的问题是教学软件的有效性，他们不得不慎重考虑：学生从这些软件中学到了什么？计算机是否能促进学生的自主学习？计算机能否提高学生的思维能力？和教师选择具体的教学活动一样，教师在选择课堂用的计算机程序时，要考虑程序的目的，因为教学软件种类繁多，有益智类、信息类、游戏类、问题解决类等。而每一个教师都知道在科学的教学软件的帮助下，小学生也可以取得让人瞩目的成绩，如建立自己的网页、用计算机制图、制作动画和相似的计算机辅助运用等。

为了迎接时代的挑战，学生应该掌握读写、计算和信息技术；教师和教辅人员也必须知道怎样教授语言、数学和现代信息技术，怎样运用辅助手段来教授自己的课程，提高专业水平和教学水平。

第 42 节　如何制订学年计划

为了保证国家教学大纲在学校得以顺利实施，保证不同班级的同龄学生学习相同知识，保证教学水平不断提高，教师应制订长期教学计划。长期教学计划是指每门课程教学内容的安排，通常是一学年，又叫学年计划。学年计划应根据小学教学大纲来制订。

如果发现学年计划不合理，教师必须和同事、课程负责人一起讨论，作出调整，确定目标，设定这一年的教学目的，然后有步骤地科学安排教学内容，制订中期计划。在第二年里，教师也可以重复采用同样的计划结构，只是应该根据具体情况做微调。

可参阅的相关章节

第 26 节　基础阶段教育
第 44 节　如何制订学期计划
第 52 节　英国小学教育政策
第 71 节　如何发挥教学团队作用

应对策略

1. 与教研室同事及其他同事、课程负责人协商，共同制订教学学年计划。
2. 明确国家和学校对学生本学年要达到的课程标准要求。
3. 先按照比例把教学任务分成四部分，以半期为单位。
4. 根据列出的教学要点制订学期计划。

拓展

不同国家有不同的课程计划要求，但大多数的目标是相似的。在英格兰，提供一个标准的课程样本是国家课程的法定要求。国家课程规定了5~16岁学生的学习内容、学习结果，同时将学生的水平分为10个级别。另外，在儿童5~14岁时，有3个关键阶段的考试来测试学生和学校是否达标。

保证学年计划的连续性是一个全校性规定，这样才能保证学生的进步。有了规定的课程，再根据当年的要求作微调，就有望达到量的合理，又有深度、平衡的课程标准，每年不再为了达到展示思考的对称性目的而痛苦。教师往往想教的内容很多，但时间有限。如果《英国国家课程大纲》没有提供课程大纲，那就得由学校或教师来决定教学的目标、要求和内容等。

如果学校规模大，有几个教师同时讲授一门课程，学年计划就得由同课程组的教师共同讨论制订。一些学校认为课程规定的设计应在年内保持相对稳定，还应同时制订学期计划。这有利于减少制订计划的工作量，但对资源的提供是个挑战。

第43节　如何批改学生作业

教师在批改学生作业前，师生双方都要明确了解批改作业的原因和目的。每个成年人都有把自己的工作文件和作品的初稿等让他人评价的需求，而每人也会因此建立自己的一套评价体系和策略，评价有时会对被评价者的工作发挥意想不到的积极作用。尽管学校与社会不同，但我们可以用评价优势，通过批改学生作业提高学校的教育质量。教师批改学生作业时，要考虑多方面的因素：是否要求学生做作业时先打草稿？是否批改学生作业？怎样处理学生修改后的作业？要求学生修改几次？学生作业在他们的知识学习体系中发挥着什么样的作用？是否有必要提供标准答案？

在学校，教师给学生作业打分是一种传统教学反馈方式。有些班级里人数多，教师难以掌握学生的学习情况，作业分数可给教师提供有效的教学反馈，记录学生的进步，检测学习结果。按等级评价学生作业属于评分的一种，它提供了和其他学生或规定的标准相比较的等级。通常，教师想知道在学生作业上的评语是否带来良好的效果，但是因为难以保证学生遵从教师的建议，所以教师的评语应充满鼓励、富有建设性。

教师还应考虑评语的实际作用。例如，“请与教师多交流”和“好”这样的评语对学生有多大的影响？得一半的分能评为“好”吗？希望所有的学生都得满分吗？当家长检查孩子作业时，对教师评语怎么看？有时候，作业本是家长能看到学生表现的唯一证据，那么，家长应怎样理解教师的评语？

在写评语时，教师应注意如下几点：对学生第一遍作业的评语应具体指出学生在进行第二遍修改时需要注意的问题；对学生作业终稿的评语应是积极、清楚的，并以表扬为主；用合适的时机当面批改学生作业，与学生交流；尽最大努力及时反馈作业信息，因为学生往往急于知道结果；安排时间，采取小组或全班讨论等积极方法，指出学生在作业中的错误；培养学生做作业打草稿和不断修改的学习方法。

处理作业的另一种方式就是采用学生自我评分的形式，它可以鼓励学生自我反馈，教师在合适的场合也可以采取这种形式。在实施时，教师必须使学生明白改正错误的重要性，同时还要仔细监控这一过程，因为激烈的竞争让学生难以正确地自我评分。

可参阅的相关章节

第 2 节　如何培养主动学习能力
第 10 节　如何培养竞争意识
第 24 节　如何做好学习信息反馈
第 25 节　如何做好教学评价
第 29 节　如何布置家庭作业
第 31 节　如何培养自主学习能力
第 49 节　了解家长职责

应对策略

1. 利用合适机会，听取学生对作业评语的意见。
2. 给出积极评价和切实可行的建议。
3. 至少每周检查一次每个学生的作业。
4. 及时和学生讨论作业中的错误。
5. 批改和返回作业的时间不要超过一天或一天半。
6. 用恰当时机让学生自我修改和评分。
7. 鼓励学生讨论作业中的错误。

8. 考虑让学生继续做一些在课堂上要讲评的作业，而不是等着之前完成的作业的评分。

拓展

给作业打分是一项长期以来实行的教学传统，在强调终结性评价的传统教学环境下曾经发挥着不可替代的作用。随着教学方法和理论的发展，人们越来越关注形成性评价，这就要求教师为学生提供富有建设性的反馈信息，更好地帮助学生改正错误，促进他们的学习。教师指出并改正学生作业中的错误远比为学生提供标准答案效果好。教师在给学生的作业打分的同时，还要让学生使用自我评价策略。

布莱克和他的同行们对学习中的评价行为进行了大量研究，他们发现通过强调形成性评价，教师提供的建设性反馈信息在学生的高效率学习中发挥着非常重要的作用。海斯为教师写评语和给学生作业打分提出了一套有实用价值的操作方法和具体量化批改作业的时间。教师选择某种批改作业的方式，就决定了教师对学生作业的期望和上课评讲作业的时间。教师也要充分了解自己所采用的评价策略，因为有可能在家长会上需要对此作出解释。教师的作业评阅方式要考虑多种因素，特别是家长这一要素，思考他们会从学生、学生的家庭作业、学生在家长辅导作业期间的表现、学校政策、与学校的交流中得到的反馈信息等方面如何评价教师评阅方式。

第 44 节　如何制订学期计划

学期计划是根据学年计划或教学大纲所制订的计划，其时间范围往往是几周。在中期计划或学期计划里，教师要考虑教学目的、教学方法、辅助教学活动、教学资料和教学内容。在制订学期计划中，教师还要决定哪堂课适合用展示材料来促进教学，考虑使用多媒体设备的预案，实施因材施教的方式。教师的课时教案是具体实施学期计划的手段和方法，所以这必须和学期计划保持一致，达到平衡。随着课程进度，根据学生具体的表现和课堂的评价，还可以适时修改学期计划。

可参阅的相关章节

第 14 节　如何实施因材施教

第37节　如何编写课时教案
第42节　如何制订学年计划
第59节　如何有效利用教学资源

应对策略

1. 根据学年计划、教学大纲和课程大纲，制订本学期或半学期应完成的具体教学任务。

2. 仔细考虑并制定教学目标。

3. 制订因材施教的实施方针和分级目标。

4. 准备和整合本学期要用的教学资源。

5. 有机组合和计划多媒体教学设备的使用。

6. 编写教学课时教案。

7. 协调各门课程之间的教学安排。

学期计划和学年计划的制订有相似性，不同之处在于学期计划更详细，要考虑有效学习环境、教学方法、学生的知识灌输方式等几个方面。虽然有些方面可以按计划一步步实施，但是在制订学期计划时，要留有余地，让教师创造性地选择新方法和教学新体系去解决教学中的问题。

第45节　如何处理概念误解问题

正确地理解事物及其发展有助于避免学生产生误解，但是他们有时受自己的思维方式和知识结构的局限，导致他们对事物及其发展产生概念误解，最常见的例子就是学生的“想当然”。所以，教师传授知识首先要保证自己的知识准确无误，同时还要仔细观察学生对知识的理解程度，防止犯“想当然”的错误。一旦发现错误，教师就要采取措施修正和纠正。修正和纠正学生的概念误解，比他们一次性准确掌握知识带给教师和学生的难度都大。教师有时被迫重复教学内容，以解决学生错误理解概念的问题。

在课堂上，教师如果发现大部分学生错误理解了某个知识点，最好的方法莫过于中断学习过程，从头学习一遍；在批改作业时，碰到此种情况，教师要在下一堂课上专门纠正。教师还可以利用多种教学策略，帮助学生纠正概念错误的问题。一种方法是在教师引导下，学生之间相互讨论错误；另一种方法是在课堂上一旦发现误解或错误，教师就直接干预，要求学生再次对此问题进行思考。通过思考，学生自己往往能发现错误，如果还不能，教师通过询问了解其解题方法，以给出恰当的建议，帮助学生处理误解问题。

在学生的眼里，犯错误和错误理解概念实质上是一样的，是学习失败的一个表现。但是两者存在本质区别，错误理解概念是该知识处于学生知识结构临界点的表现，是改变和重建学生知识结构的重要阶段，教师要积极引导，而不是像处理学生犯错误那样，教师只需要发出简单的教学指令："在学习第12页的内容之前，给大家5分钟时间改正错误。"

可参阅的相关章节

第2节　如何培养主动学习能力
第7节　如何提高课堂语言艺术
第22节　如何培养应对挑战的能力
第33节　了解儿童智力发展规律
第37节　如何编写课时教案
第40节　如何提高倾听和交流艺术

应对策略

1. 如果大部分学生没有听懂，就停下来反复讲解。
2. 让学生有时间讨论和纠正错误。
3. 安排时间让学生探讨错误并寻找原因。
4. 询问学生思维的过程，而不要直接给学生解释和答案。
5. 批改作业时，注意学生理解概念是否有误。如果有误，教师就要与学生进行交流以了解其思维过程。

拓展

教师扎实的学科知识是预防学生错误理解概念的先决条件。授课前，教师要研究教学内容，检查自己对概念的理解是否准确，借助教师自己学习知识的方法，把大量的知识系统化、科学化。教师在讲授概念时，准确是第一位的。比如，"两个数相乘的积一定大于乘数；两个数相除的商一定小于被除数"，这样的表述就有概念错误，因为它只考虑了自然数，排除了分数。如果学生把这个概念运用到分数，他们就会出错。教师在解决学生错误理解概念问题时，要明确指出错误之处，并提供解决方案。

第 46 节　如何激发学生学习动机

对教师而言，激发学生学习兴趣，培养良好的学习习惯都非常重要，但学生的学习动机是关键。

在学校里，有些学生的学习积极性很高，而有些学生对学习不感兴趣；有些学生希望学习优异，而有些学生确信自己学不好；有些学生认为学习成绩好的原因是他们运气好或学习努力，而有些学生认为天资聪明才是主要原因。对这些现象的分析，可以帮助教师了解能力接近的学生为什么学习成绩有差异。学习动机与个体对学习的期望值、能否达到目的息息相关，而每个学生的学习目的、学习方法和努力程度因人而异。教师如何最大限度地激发学生学习兴趣已成为教师备课时要考虑的重要因素。

学习动机是指个体发动和维持学习活动的内部动力，是学习活动产生与持续的内部和心理上的原因。根据动机产生的条件，可分为内部学习动机和外部学习动机。具有内部学习动机的典型学生对学习活动本身感兴趣，无需学习以外的情景动力，他们由于好奇心、兴趣和内在的学习需求和学习乐趣而学习，比其他学生有更强的自我控制能力。他们只关注学习，不在意别人的看法。具有外部学习动机的学生依靠学习活动以外的各种情景提供的奖励来维持学习，典型的外部学习动机是赏罚。他们学习的目的是为了避免处罚、得高分以取悦某人。但是对很多学生来说，两类动机同时存在。

马斯洛的研究表明，每个人都有一系列带有层级性的基本需要，要想成绩突出，首先需满足其最基本的需求，如充足的睡眠、爱的需求等。一个饥饿、疲倦和没有安全感的学生是不可能学习好的。

可参阅的相关章节

第 2 节　如何培养主动学习能力
第 10 节　如何培养竞争意识
第 14 节　如何实施因材施教
第 15 节　如何有效执行校纪校规
第 22 节　如何培养应对挑战的能力
第 31 节　如何培养自主学习能力
第 36 节　了解学生独特的学习方法

第 40 节　如何提高倾听和交流艺术
第 54 节　如何营造良好的学习氛围
第 58 节　如何做好教学研究
第 60 节　如何有效使用奖励机制
第 69 节　如何建立目标体系

应对策略

(1) 承认学生的价值。在课堂上，尽量减少对学生的批评和指责，增加感情砝码，表扬学生取得的成绩。

(2) 培养学生自我评价能力，帮助学生认清取得成功和失败的真正原因：是天赋还是努力程度。比如，用“你学习真努力”来表扬学生勤奋，而用“你真聪明”表扬学生的才智。

(3) 给学生布置那些经过努力就能取得成功的学习任务，帮助他们建立自信，相信自己通过努力可以成功。

拓展

行为主义理论强调建立一个有刺激机制的学习环境，巩固学生所学知识。这种理论认为学习者的内部动力、情感因素和心理需求都不重要，它们和学生学习水平的提高无关。教师在教学中常用外部刺激法，例如，通过奖励学生的操行分，增加上机玩游戏的时间等来刺激学生；通过剥夺学生的一些权利来处罚他们。与之相反，认知主义者相信动机是促进学习的核心因素。上面的应对策略就是针对怎样激发学生的学习动机而设计的。学习动机与学生对自己成功完成任务的能力判断有关，而过去的经历、朋友的示范、其他人的反馈等都会影响学生的自我评价。

第 47 节　如何组织外出教学参观

学生喜欢“参观”这种教学形式，因为他们可以学到课堂外很多有用的知识。参观可以调动学生的学习积极性，发展他们的创造能力，还给他们带来值得回忆的学习经历。无论学生的参观活动是半天、一天或更长的时间，都能锻炼他们在社会实践中应用知识的学习能力和独立性，还可以解决课堂上难以解决的问题。

要使参观获得最佳效果，就要做好充分的准备：一是根据课程、教学目的和教学计划，选择合适的参观对象，制订周密的参观计划；二是要在参观前向学生讲清楚参观的目的和要求；三是参观后要组织学生讨论或写参观报告，强化参观效果。

在参观时，明确要求学生注意参观的对象或过程，避免因太多的记录要求使学生错过参观中的一些重要环节。例如，教师带领 6 年级学生参观铁器时代遗址，然后要求他们写参观报告，描述铁器时代人的生活状况。如果在参观时有讲解员，就要求学生在参观中做简单记录，或用几个形容词描述参观环境和氛围。

参观后回到学校，教师要留出时间让学生做相应的作业。作业可采取多种形式，比如表演短剧、过程展示、制作知识小册子、写作文或做实验等。

参观计划要周密详细，应考虑到一切涉及参观的细节，如交通等各种费用，参观中监督学生安全问题，参观安排，通知家长，书面告知学生要求带的东西和不允许带的物品，取得相关部门的同意（校长、地方教育部门、学校、家长、参观单位等）。

带学生外出参观有很多益处，但也有风险。教师要预计参观中可能碰到的危险，最大限度地保障学生的安全。

教师应尽可能使所有学生都有外出参观的机会。但是，参观产生的费用对有些学生家长来说是一个沉重的负担。此外，教师还要考虑学生的健康状况、文化差异和宗教信仰以及其他的一些特殊需求。有时由于某种原因，教师不得不制止某个学生参加参观活动，但一定要采取其他方式保证该学生补上错过的教学内容。

可参阅的相关章节

第 15 节　如何有效执行校纪校规
第 22 节　如何培养应对挑战的能力
第 26 节　基础阶段教育
第 29 节　如何布置家庭作业
第 42 节　如何制订学年计划
第 44 节　如何制订学期计划
第 52 节　英国小学教育政策
第 61 节　如何做好学生安全保护工作

应对策略

1. 学年计划和学期计划应包括外出参观的计划。

2. 做好参观准备，确定参观后的教学活动。

3. 取得学校当局和家长的同意。

4. 预定参观地方和交通方式，联系导游和讲解员。

5. 安排陪同前往的教职工，检查学生健康状况和安全措施，做好安全预案。

6. 提前通知学生和家长参观的安排，吃饭、经费和着装要求。

7. 享受参观活动。

第48节 如何掌握教学节奏

在课堂上，学生注意力集中、全力以赴地学习，是教师教学节奏合理的标志。由于学生学习知识的速度不同，选择恰当的授课节奏对教师有极大的挑战性。在口语课上，教师的教学速度要吸引优等生，也要保证其他学生能听懂，其中包括学习理解力较慢的学生，通过教师使用的语言、教学内容和对全班及学生个体的提问等形式，实现师生间多个层次的交流。

如下两种情况对学生的学习都会造成不利影响。一是教师的教学节奏过快，造成有些学生跟不上教学进度，难以完成随后紧接着的其他学习任务；二是教师的讲解时间过长，问的问题太多或总是需要详细解释，教学节奏就会过慢。有些学生会思想开小差，开始调皮捣蛋，教师会因此被迫中断教学，找学生谈话，使教学节奏进一步变慢，此时，更多的学生开始“造反”。出现这种情况时，教师要果断处理学生的调皮捣蛋行为，或在口语课结束时进行总结。最佳方案是教师要充分估计出现这种情况的可能性，提前采取有效方法制止事态的恶化。例如，在小组活动时把注意力较差的学生的座位调到教师眼前。

在完成课堂作业时，教师也要注意教学节奏，设定任务完成的时间和目标并且提醒学生。例如：“现在同学们应该已经完成三个问题了。”“最后十分钟，同学们可以检查作业了。”教师布置的作业应该具有可操作性，对不同学生提出不同的要求，因材施教。

可参阅的相关章节

第 14 节　如何实施因材施教
第 15 节　如何有效执行校纪校规
第 46 节　如何激发学生学习动机
第 55 节　如何提高问答教学法艺术

应对策略

1. 学生在课堂上跃跃欲试时，要加快教学节奏；如果要给学生思考的时间，就放慢教学节奏。

2. 根据学生参与讨论的热烈程度，适当延长和缩短口头交流时间。

3. 灵活地设计问题，保证答案可长可短。

4. 在口语交流和小组活动中，根据不同学生的水平设计不同话题和学习内容，以满足不同需要。

5. 根据学生的反应，决定进入下一个学习任务的时间。

6. 明确规定课堂要完成的任务和时间。

7. 不时检查教学安排，确保教学进度，变更教学安排要有充足的理由。

8. 在课堂中避免长时间处理与教学任务无关的课堂秩序问题，最好做好预案，当场果断处理或在课后解决。

拓展

海·麦克博在他的研究报告中指出："优秀教师每节课的内容安排应清晰明了，时间分配合理，教学节奏紧凑。"教师应时刻关注学生在课堂上的反应，合理地组织教学，保证学生最大限度地参与和完成教学任务，保持良好的教学节奏。

库民在观察课堂中教师与学生的交流后，发现教师有四种行为会打乱课堂节奏：一是教师纠缠内容的某一方面，没有完成教学任务；二是教师缺乏过渡艺术，突兀地开始下一个教学任务；三是教师不断重复学生已经掌握的内容；四是教师把教学内容切分过细，学生没有了解本节课的学习目的。

控制节奏的关键是吸引学生的注意力和掌控他们的行为，教师要保证节奏与教学任务相匹配。如果教师讲课速度太快，没有留给学生思考的时间，学生就会自然而然地放弃这种高强度的学习任务。

第 49 节　了解家长职责

在教育学上，家长是个广义的概念，孩子的亲生父母不一定在教育中直接承担责任，有时养父母、亲戚、亲戚的伴侣、继父母及其亲戚等人才真正承担孩子的教育义务。在英国，国家教育法案对抚养人和受雇照顾孩子的学习、起居和其他生活需要的人的义务有不同的规定，但在实际生活中，学校把他们当作承担父母责任的人。家长的责任包括国家法律规定的各种义务、权力和职责，比如，家长有送学龄儿童接受教育的义务。

孩子的照顾人有义务和责任教育孩子，教师要尊重他们，并和他们建立积极合作的关系。

孩子在家里受到的教育会反映到他们对教师和同龄人的态度上。有些家长的教育和管理很严，给孩子自由发展的空间小，这些孩子会学到一种专制的生活态度；有些家长允许孩子犯错误，然后帮助他们改正，这种方式有利于孩子的个性发展；有些家长对孩子言听计从，这种溺爱方式让孩子无限制地自由发展；有些家长似乎不关心孩子的发展，这种“放羊式”的方法使孩子没有限制，得不到家庭教育的协助。根据孩子们在学校中的不同表现，教师可以清楚地看到不同的家庭教育方式对孩子学习行为的影响。

可参阅的相关章节

第 9 节　如何加强家校联系
第 57 节　如何建立良好的师生关系

第 50 节　了解儿童生长发育规律

文化习俗、营养和经历都是影响儿童生长发育的因素，同时父母基因决定孩子的身高和外貌，形成了孩子显著的外貌差异。

人类的发育是一个相对缓慢的过程。多数孩子在出生 12～14 个月后，才能蹒跚走路；生理发展在婴幼儿期最快，在 5 岁以前，孩子以很快的速度长高、长壮；从 6 岁到进入青春期前，孩子的身体发育缓慢；在青春期之前，女孩和男孩在身高、体重和肌肉等方面的发育区别不明显，跑和跳的能力相似。

青春期引起性别特征变化，这些变化会给青少年的心理造成不可估量的影响。但是大多数时候，家长和孩子对青春期的知识极度缺乏。作为孩子的人生领路人，教师应该责无旁贷地向学生传授有关他们生长发育的知识。

有些小学生已经开始经历身体的变化，这些变化是复杂的，涉及生殖系统、心血管和体内循环系统、肺和呼吸系统、肌肉和身体等方面的发育。通常，孩子在青春期的改变和发育速度都是十分明显的，这个阶段被称为孩子发育的“爆发”阶段。在中学里，常见的现象是一个班里既有成熟的少男少女，也有同龄的个子矮小的同学。这虽然是正常现象，却会给孩子们和他们的家长带来焦虑。因为有些孩子发育的“爆发”阶段从 9 岁开始，有些孩子要到 15 岁才开始。女孩的发育普遍早于男孩，她们七八岁开始发育，最迟的在 12、13 或 14 岁，发育的平均年龄是 10～11 岁，而男孩发育的平均年龄是 12 岁左右。

可参阅的相关章节

第 17 节　了解儿童情感发展规律
第 33 节　了解儿童智力发展规律
第 39 节　了解儿童语言发展规律
第 58 节　如何做好教学研究
第 64 节　如何培养学生社交能力

第 51 节　如何发挥游戏在学习中的作用

游戏在每个人的成长发育过程中的作用是颇有争议的，但不可否认，在不同的年龄阶段，游戏以不同的形式满足人们的需求，伴随人们一生。在教育体系中，游戏是儿童学习必不可少的环节，很多课程计划中也有游戏内容。游戏包括儿童自由游戏和教师在一定程度上进行控制的游戏两种类型。

教师在教学中要创造各种不同的游戏环境。首先要保证学校游戏环境和孩子在家或之前在幼儿园的游戏环境是相似的，他们可以完全自由地选择玩具和怎样玩。然后，教师根据教学内容选择相关的玩具，甚至明确让谁来操作某一具体玩具，但是不包含教师设定任务的部分。教师为互动式展示所做的准备工作就属于此种情形。把学生进行分组，创造学习任务环境，这些都为教师下一步工作打好了基础，保证教师可以通过提问题和解释教学知识点来参与和引导学生讨论。另一种情形就是教师设定任务，选定玩具，由教师启动和控制整个游戏。如果教师没有选定玩具，就不得不想办法解决问题，可以通过思考“我应该用什么玩具才能达到游戏目的?”来解决问题。经过上述步骤，教师可以把自由游戏逐步过渡到有控制的游戏。这种方式与高年级学生的学习活动有许多相似之处，它培养了孩子的参与意识和反映了教师的教学能力。但是，教师要处理好两种游戏的关系，因为强调教师控制的游戏并不否认自由游戏的方式在教学中的作用。

可参阅的相关章节

第 11 节　如何培养创新能力
第 16 节　如何展示学习成果
第 17 节　了解儿童情感发展规律
第 26 节　基础阶段教育
第 33 节　了解儿童智力发展规律
第 34 节　如何引导学生的学习和行为
第 52 节　英国小学教育政策
第 53 节　如何运用问题解决模式
第 59 节　如何有效利用教学资源
第 64 节　如何培养学生社交能力

应对策略

1. 设计的情境是否是完全自由的，是否设定了具体的任务和准备了合适的玩具。

2. 控制指导力度，确定进行指导的具体时间是在游戏开始还是结束的时候进行。

拓展

由于众多杰出科学家的卓越研究，游戏教学的理论和实践深刻地改变了学前教育的现状。由于有关游戏的实验涉及因素太多和研究目的迥异，很难收集到证明游戏有益的确切数据。但贝内特等人所著的《游戏中的教学》一书研究了对 5 岁孩子的教学内容，该书认为游戏和知识的吸收、儿童的创造力有密切的联系，但是在以寻求快速吸取知识为目标的现代教育体系中，游戏不能带来立竿见影的学习效果，所以必然受到冷遇。在小学教育的起步阶段，教师应明确游戏的重要教育意义，创造各种机会指引孩子，从自由游戏阶段发展到教师控制的有目的的游戏阶段。

教师控制游戏的程度是一个值得教师关注的问题，控制程度是否太高？是否干涉了孩子的自发行为？是否影响了孩子的决策力？是否阻碍了孩子的创造力发展？为教师提供描述精确的课程大纲，可以帮助教师准确设定每节课的教学目的，促进儿童快速吸取知识。

第52节　英国小学教育政策

2003年5月20日，英国政府正式出版了《卓越与快乐：小学教学策略》一书，描绘了小学教育的发展蓝图。实现这一蓝图，需要如下的保障手段：

1. 国家授予各小学制订教学大纲的权利，实施教育改革，鼓励创新。

2. 学校根据每个孩子进步的具有挑战性和现实性的目标，有权为第二关键阶段的4级和5级的学生制订学习目标。

3. 在第一阶段跟踪检测新的教师评价体系，把它作为提高教师水平的手段，而不是检查工具。

4. 鼓励校际网络合作和相互交流；加强与家长、社区之间的联系。

5. 政府作为实现教育的目标责任单位，采取各种措施全力支持学校。

（1）加强对学校的领导，特别是在教学和专业发展方面的领导，帮助教师深刻领会语言和数学教学的有效原则。

（2）帮助学校拓展和丰富教学大纲，缩小各个学校之间的差距，为学生提供平等的教育机会和丰富的学习内容。

从1997年以来，英国已经在小学采取了旨在提高教学质量的各种举措。本书在此意义上实际是综合所有的措施而做的一种尝试。教育界已就学校教育达成共识，认为学校教育和各门课程的学习都不是孤立的，它们和家庭教育、其他课程密不可分。英国小学教学政策鼓励教师创新课程，采用跨学科的视野培养学生的读写、计算等基本能力。

可参阅的相关章节

第11节　如何培养创新能力
第26节　基础阶段教育

第 52 节　英国小学教育政策

第 53 节　如何运用问题解决模式

生活中充满了需要解决的难题，教育也是如此。不同课程使用问题解决法的技巧和过程已多有论述。你是否把它看成是解决新问题的方法或获得知识的机会，这是重要的生活技巧和获取新技巧、新知识的基础。

现实生活中，没有人能立即解决所有的问题，因为问题的解决需要时间并必须尝试不同方法，需要联想或相关的知识。当学生对教师提出的问题无从着手或无法找到解决办法时，教师应引导他们学习相关的策略和方法，帮助他们掌握解决问题的流程：认识问题—整理数据—寻找模式—联系旧知识—试用理论—测试理论。

可参阅的相关章节

第 2 节　如何培养主动学习能力
第 23 节　如何提高课堂讲解艺术
第 28 节　如何实施小组教学
第 31 节　如何培养自主学习能力
第 34 节　如何引导学生的学习和行为
第 40 节　如何提高倾听和交流艺术
第 63 节　如何培养学习技巧和学习策略
第 72 节　如何培养学生思维技能

应对策略

1. 在学期计划中选择合适的科目，设计问题解决模式的教学。
2. 通过讲解和讨论，帮助学生熟悉问题解决模式的流程。
3. 通过全班集体解决某一问题，演示问题解决模式的流程。
4. 用问题解决模式巩固和检查学生掌握知识的状况。
5. 用问题导入新知识，激发学生兴趣。
6. 当学生被问题难倒时，给一些语言提示帮助他们思考。
7. 当学生走进“死角”时，鼓励学生重找线索，重新开始。

拓展

传授问题解决方法时，教师要从简单的单步问题开始，例如，“橘黄色要用哪两种颜色才调得出来?”在学生熟练掌握了单步问题的解决思路后，教师才能进入多步问题的教学。学生在学习问题解决方法时，常犯的错误是不检查答案。例如，教师问：“每辆车可以载 12 个学生，全班 39 个学生，请问送全班学生去游泳池至少需要多少辆车?”一个学生回答：“3.25 辆车。”在检查自己的答案是否和原题相符后，他得出了“4 辆车”的准确答案。另外一个应注意的方面就是开放式的问题。有时，开放式问题就是一种调查，学生可以自由决定调查的重点和采取的方式，提供不同的解决方案。在调查过程中，学生综合利用已学知识解决问题的能力得到提高。

第 54 节　如何营造良好的学习氛围

良好的学习氛围可以激发学生学习的兴趣和动机，有力促进他们的学习。良好的学习氛围是多种因素合力的结果。有教师认为良好的学习氛围是指学生自主学习，是为了自己学习，而不是为老师才学习。另一些教师却持不同的观点，他们认为，只有学习目标明确和组织好课堂活动才会营造出良好的学习氛围。

不管教师持哪种观点，努力营造良好的学习氛围对教学是至关重要的。它能保证所有的学生明确学习目的，保证以他们的水平能够完成学习任务，保证每个学生都愿意学习。这种氛围将有助于学生顺利地完成学习任务。教师的职责就是激发他们的学习动力，鼓励学生完成学习任务。为了达到这个目的，教师也要明确地提出对课程内容、课堂学习模式、学生行为举止等的具体要求，这也是营造良好的学习氛围不可缺少的因素。在第一节课里，教师就得明确这些要求，并在后面的教学中不断对其强化。

可参阅的相关章节

第 8 节　如何促进师生学习交流
第 15 节　如何有效执行校纪校规
第 19 节　如何实现教育公平
第 21 节　如何评价课堂教学

第 40 节　如何提高倾听和交流艺术
第 46 节　如何激发学生学习动机
第 57 节　如何建立良好的师生关系
第 69 节　如何建立目标体系

应对策略

1. 明确提出完成学习任务的各项要求。

2. 根据教学计划和形成性评价，针对学生的不同水平提出不同要求。

3. 确保学生全面了解教师制订的学习目标，学习目标必须清楚、实事求是。

4. 激发学生学习动机。

5. 充分组织资源。

6. 培养学生决策能力，为自己的学习“做主”。

良好的学习氛围也离不开师生之间的融洽关系。学生应感激教师对他们的关心，应遵守教学秩序和纪律。同样，教师要创造一个激发学生奋发向上的学习环境，贯彻执行教育公平的原则，一视同仁，关注学生的学习生活。

干净、整洁和温馨的教室，墙上励志的标语，书架上激发学生奋发向上的奖牌等都为良好的学习氛围提供了物质环境。在这样的环境里，学生自然而然会产生归属感，想当班长或想当“小老师”为集体服务。教师也要维护班上的学习氛围，防止歧视和欺凌行为的发生，确保学生不受外来因素的干扰，可以安心地学习。

第 55 节　如何提高问答教学法艺术

问答教学法历史悠久，是以师生问答为主体的基本教学活动之一，包括师生之间的相互提问和回答，也就是说，教师采用不同的提问方式，引导学生根据自己的理解来回答问题。这一教学法强调师生互动，调动教学双方的积极思维。

课堂上最常见的问答教学包括教师提问、学生回答和教师判断正误三个简单的步骤。问答教学法根据问题的种类分为封闭式问答教学和开放式问答教学。封闭式问答教学中的回答要与预先设定的答案相符，而开放式问答教学中的回答因人而异，可以启发学生思维。例如，“你怎样才能找到解决办法?”“接下来会发生事什么呢?”都属于开放式问题。

学生善于从教师的反应和肢体语言判断自己的回答是否正确。从教师的轻微皱眉或“你肯定吗?”等类似的问题里，学生都能得出结论：自己的回答是错误的，他们就会努力给出新的回答。然而，有时问“你肯定吗?”教师的言下之意是要求学生提出证据。所以，为了防止学生陷入习惯性问答教学的误区，教师要采取不同的提问和解题技巧，培养学生的自信心。久而久之，学生很快就能识别教师的真实意图。

当学生回答不上问题时，教师不要直接给出答案，最好询问他们已经解决的部分，然后再提问以启发学生，解决难点。这些启发式提问可以激发学生的灵感，培养学生独立思考的能力。

可参阅的相关章节

第 2 节　如何培养主动学习能力
第 8 节　如何促进师生学习交流
第 16 节　如何展示学习成果
第 23 节　如何提高课堂讲解艺术
第 24 节　如何做好学习信息反馈
第 31 节　如何培养自主学习能力
第 32 节　如何设置课堂指令
第 34 节　如何引导学生的学习和行为
第 40 节　如何提高倾听和交流艺术
第 48 节　如何掌握教学节奏
第 72 节　如何培养学生思维技能
第 77 节　如何提高班集体教学艺术

应对策略

1. 尝试多种提问方式。
2. 当教师希望加快教学节奏时，使用封闭式问答。
3. 当教师希望启发学生的思维，鼓励学生发言时，使用开放式问答。
4. 要求学生讨论他们已经完成的任务，巩固其对知识的理解。
5. 使用启发式提问帮助学生克服困难。
6. 测试教师所给信息与问题之间是否有关联。

7. 适应学生个体的进步，提高解释和说明的水平。

拓展

佩罗特研究分析了口语课中的问答教学，提出了使用不同提问方式的策略。教师通过提出一系列问题，引导学生积极思考，把新旧知识结合起来，分析概括以得出结论。海斯总结了问答教学法，探讨了学生掌握提问技巧的重要性。他提出，教师首先要创造鼓励学生踊跃发言的气氛，同时不能把问答教学法用于制止学生调皮捣蛋和思想开小差等行为，否则学生会失去回答有关学习问题的兴趣。

布莱克和他的同事在研究中学师生之间的问答行为后，发现他们之间的良性问答可以集中学生的注意力，从而加深对知识的理解。克拉克仔细观察了小学生在问答教学中的反应，发现小学生更多地依赖教师的语调、肢体语言和同龄人的反应来回答问题。同时，他也发现学生进入中学后会越来越在乎其他人的看法。在教育界，问答教学法已经是公认的最有用的教学法之一。

第 56 节　如何做好学生学习档案记录

教师在记录学生日常表现和学习时，首先要清楚自己记录的目的，因为这将帮助你确定收集最有用的资料。在不同阶段，教师记录的目的也有差异。在课堂上，围绕学生是否达到学习目标或是否有困难等问题，教师希望做一些非正式的详细记录，以帮助他们了解学生的具体学习状况，改进教学计划，为官方记录提供资料。

在这些记录的基础上，教师整理和归纳学生在学校的全面表现，把某些特定的资料分别提供给特殊教育需求协调员、下一任教师、家长、学校记录或学生要进入的新学校，再由学校决定资料取舍。

第三个层面的记录是官方和法律所要求的。英格兰法律规定，在重要阶段的评价过程中，教师每年要向家长和当地政府提供关于学生的表现和进步的书面报告，供学生档案管理和评价教师教学工作之用。

可参阅的相关章节

第 25 节　如何做好教学评价
第 43 节　如何批改学生作业

第 49 节　了解家长职责
第 65 节　如何满足特殊教育需要
第 69 节　如何建立目标体系

拓展

各种评价和记录方法是教学实践的要求。如果教师的授课时间是一年，那么他在每学期都要做记录。学生档案记录有几个目的：一是跟踪记录学生学习进程，为教师掌握学生的成绩和学习水平提供信息；二是完成学生评价环节的工作，保证教学过程的完整性；三是为教师提供机会实践各种评价和记录方法，这是教师在教学实践中必须掌握的技能之一。通过连续记录学生日常表现，可以证明教师履行了自己的职责，同时也表明教师如何在教学中利用这些信息提高教学效果。

第 57 节　如何建立良好的师生关系

教师的工作方法、使用的语言、对待学生的方式以及对学生的尊重都有助于提高教师良好的声誉。教师如果回忆一下自己的学生时代，就会明白哪些是受学生欢迎的教师类型和哪些是学生讨厌的教师类型。教师每天陪伴着学生，他们希望教师在教给他们知识的同时，还能从教师那里学到更多的东西。他们希望教师不仅喜欢成绩突出的学生，而且还平易近人、爱他们、理解他们，把他们当成知心朋友。特别是对年幼的孩子来说，教师既有父母的慈祥又是权威的化身。他们尊重权威，但更喜欢平易近人的教师。

教师对道德准则、法律约束、劳动合同、职业的理解，以及同事、家长、社区对教师的期望等，都会影响教师的行为。有些行为是永远被禁止的，例如，与学生发生性行为，违法行为，举办政治性聚会等。因此，与学生一对一见面时要特别谨慎。如果教师让学生在星期六的早上来协助自己完成某些工作，一定要有几个学生或其他成年人在场，拿自己的名誉冒险并非明智之举。

可参阅的相关章节

第 3 节　如何应对学生中的欺凌行为
第 5 节　如何保护儿童

第 17 节　了解儿童情感发展规律
第 19 节　如何实现教育公平
第 40 节　如何提高倾听和交流艺术
第 46 节　如何激发学生学习动机
第 54 节　如何营造良好的学习氛围
第 64 节　如何培养学生社交能力
第 70 节　了解教师聘用的相关信息
第 76 节　如何培养学生正确的道德价值观

应对策略

如果认识到学生对教师的期望，教师就应认真教书育人，公正对待每一个学生。如果学生与过去的教师相处不好，新教师一开始上课就会感到困难。教师应考虑学生的感受和情感，理解他们的担心，知道怎样鼓励他们。下面提出几点建议：

1. 和学生一起分享学习的热情。

2. 了解学生的起点水平，针对高低不同的水平，认真备课，满足学生不同的需求，这是对学生的尊重。

3. 对学生的努力、取得的成绩进行及时的表扬和祝贺。

4. 给优等生设立更高的目标，鼓励他们参与讨论。

5. 清楚自己对民族、性别、阶级和有特殊需求的学生的看法，一定要公正对待每一个学生，给他们同等关注。

6. 平易近人，因为教学是一个双向的过程，和学生开展真正的讨论。

7. 向学生展示真实的自己。虽然教学确实需要演技，但学生很快就比你自己更了解你。

8. 慎用批评和玩笑，不能伤害学生自尊心。

拓展

有时，学校和社会对教师的要求也许与教师自己的价值观不一样。例如，有些教师觉得学生在校是否穿校服无所谓，但学校规定学生必须穿，教师就应维护校规，不应站在学生一边。即使教师自己的观点与学校规定有冲突也应如此，遵守职业要求是第一位的。

第 58 节　如何做好教学研究

关于研究，教师经常会问："我应该研究什么课题?""什么课题值得我花宝贵的时间去研究?"事实上，通过教学中质疑教师的专业知识，就可以发现科研课题。例如，为什么有些班级的教学效果好，有些班级差?学生学习的最佳方法是什么?这些都可以给教师提供教学研究的方向。一方面，教师可以对学校中存在的问题提出"最佳的解决办法是什么"的思考；另一方面，教师要了解相关问题的国家政策和社会背景。这样，教师才会确定自己的研究课题，展开研究工作。此外，正当合理地利用时间进行教学研究是每个教师的权利。在英格兰，教学研究是教师发展的要求，也是专业法规的要求。为了提高教师专业技能，重要的是教师如何成为一个学习者、开创者和探索者，因为这也是教师对学生提出的要求。教学研究在更新专业知识、改进教学方法、解决更广泛的问题等方面，对教师大有裨益。

教师要不断学习新知识，不时更新课程内容，与时俱进。只有彻底研究课程，了解学生们学习的难点，才能保证所教内容的准确性，化难为易。

教师对学生都寄予了期望，总会思考一些有效的教学方法，使讲解的知识和概念有趣，易于理解。为了增加自己的学识和提高教学技巧，教师会反思教与学的关系和所用的教学方法是否有效等问题，进行教学研究，找到有效途径使学生对教学内容感兴趣。刚开始，教师往往遵循别人的教学方法备课。随着教学经验的增多，教师可用的教学方法就会越来越多，这时研究课题就成了"哪种方法适合我?"教学再也不是凭直觉或"因为有效而有效"。教师应研究从课堂收集的材料，并评价教学的有效性。

教师应经常阅读教育新闻和专业期刊，随时了解国内外相关信息、政策，与同事一起讨论获得的信息，这些都有助于思考自己的教学实践和教学研究。

可参阅的相关章节

第 2 节　如何培养主动学习能力
第 31 节　如何培养自主学习能力
第 70 节　了解教师聘用的相关信息

应对策略

1. 检验自己通过阅读、网络、紧跟学科前沿等获取信息的方法是否有效。

2. 阅读相关研究时，要做到：

(1) 批判性地阅读，寻找其他研究方法。

(2) 通过浏览摘要来研究文献综述，没必要通读全文。

(3) 用数据库来确定感兴趣的领域。

(4) 通过搜索引擎来寻找适合教师研究的课题信息，但要注意网络提供的信息既有精华也有糟粕。

3. 通过地方学术团体、大学和国内外协会等与同行建立联系。

4. 在英国，有很多官方网站会发布重要的研究课题。这些机构又往往是政策的制订者，所以他们的研究课题往往与某一种观点紧密联系。

5. 通过学校和教师中心图书管理员获取最好的研究课题。

6. 寻找一些帮助以提高专业水平和教学水平。

拓展

在教学过程中，教师会思考将研究成果与自己的教学结合起来，提出一些自己想研究的问题，开始培养起对教学某一特定方面的兴趣。教师可以从大学得到一些研究训练和支持，还可以通过学校的教师发展基金或其他多种渠道的研究基金获得经费支持。从事教学研究非常辛苦，充满挑战，但很有意义，能使教师思维活跃。

第 59 节　如何有效利用教学资源

丰富的教学资源把学生带入情境，让学生在探究的乐趣中，激发学习动力，使课程一开始就具有吸引力。丰富的教学资源还可以改善学习环境，让学生身心受益。教学资源分为两种：一种是在教室里每天使用的教学资料、教具、设备和环境等；另一种则需要教师购买或自己制作，包括海报、收藏品、演示数字卡、某一历史时期的手工艺品、某一主题的书籍和影碟等。教师在制订学期计划时要考虑第二种资源。

在使用教学资源时，应考虑社会、文化和性别等因素，保证教学公平。

学校的资金有限，有些资源可能比较陈旧，所以教师要检查资源是否适合当今的学生，资源是否有效。

给学生一个丰富的学习空间，你将收获整个世界！

可参阅的相关章节

第 12 节　如何应对文化差异
第 14 节　如何实施因材施教
第 19 节　如何实现教育公平
第 25 节　如何做好教学评价
第 54 节　如何营造良好的学习氛围
第 64 节　如何培养学生社交能力

应对策略

1. 制订学期计划时要考虑所用的教学资源。
2. 发现和使用能很好阐述教学要点的资源。
3. 创造能引起学生视觉兴奋、师生互动的学习环境。
4. 用各种资源吸引学生注意力。
5. 使用那些能将课堂以外的世界带入课堂的资源（图片、海报等）。
6. 不断更新资源。

拓展

一个多世纪前，教育对于孩子们来说还是个全新的世界，弗勒培尔就设计了一系列的玩具，通过玩具来提高孩子们对逻辑、数学关系的理解，这就证明了教具对学习有促进作用。现在，小学有各种各样促进孩子学习的资源，但是由于资金有限，学校不可能购买所有的教学辅助材料。很多教师善于创造发明，自己设计和制作教学用具。由于教师了解适合孩子们用什么，什么有助于教学讲解，所以他们设计的用具往往最有效。同时，网站和书本还可以提供很多丰富的教学资源，教师要选用与教学目的相关的资源，精心准备，不浪费课堂时间。有些教具可以不受限制，孩子们带进教室的东西也可以即兴用作教具。

为了培养孩子们自主学习的能力，有时可让他们自己决定使用什么教具。在教学中，教师应经常思考如下问题：怎样使用教具？教具如何制作？学生是否应从教师那里获取所有的教具？学生可以容易地得到教具吗？怎样才能保持教具的干净、整洁？是不是每个孩子都要负责保持教具的整洁？有值日生吗？如果有，是不是孩子们就可以到处乱扔教具，让值日生来收拾？仔细思考这些问题后，教师可把结论融入教学安排之中。

第 60 节　如何有效使用奖励机制

人本能地对奖赏和鼓励作出反应，所以在教学中，教师要充分发挥奖励的作用，激发学生的自信和学习动机。奖励有时会创造奇迹。只要孩子的行为值得表扬，教师就应坦诚表达对其的欣赏，进行奖励。虽然教师在课堂上难以完全避免使用批评语言，但总是让学生听到表扬的话，就能营造良好的课堂氛围，孩子们学习也很愉快。如果教师不得不批评学生，最好下课后采用一对一的单独面谈方式，而且给他们改正的机会。

奖励有语言的和非语言的奖励两种类型。非语言的奖励包含诸如向学生微笑，向其他同学展示某学生优秀的作业，让某学生给其他同学讲解作业等不同形式。作为行为主义教学法的一部分，奖励也可以是有形的，比如奖励分数、糖果等。教师还可以使用表扬、宣传学生取得的成绩等其他奖励手段进一步巩固学生良好的行为和成绩，记住，一定要奖励优秀。

可参阅的相关章节

第 10 节　如何培养竞争意识

第 15 节　如何有效执行校纪校规

第 46 节　如何激发学生学习动机

应对策略

1. 对全班的评价应是正面的而且是富有指导性的。

2. 对不良行为，教师要一对一个别谈话解决，不可当众批评。

3. 正确使用奖励，例如：对学生良好的表现、学习勤奋、取得的一点点进步、良好的成绩等都要给予奖励。

4. 奖励要一视同仁。

5. 不可收回已给出的奖励。

6. 表扬要明确，例如：“你借西蒙画笔的方式很好，我很喜欢。”“你已经完成了70%的计算，而且答案正确，做得不错。”

拓展

一些学校运用强有力的奖励机制，形成新的行为和工作模式。把学生们一周之内良好表现和成绩的奖励分数累计起来，最好的集体或个人可以享受特别待遇，比如，增加其课间休息时间。如果奖励分数积累到一定程度，教师就带他们外出参观以作奖励。由于利用了孩子想受表扬的强烈愿望和参与竞争的意愿，这种行为主义的策略有力地鼓励孩子向好的方向发展。不断地加强奖励机制，有利于学生养成良好的行为举止。

第61节　如何做好学生安全保护工作

学生的人身安全是大多数学校关心的问题，学校的教职员工都有义务保护孩子的安全，对教师来说，照顾的义务远比做一个细心的好父母要大得多。英国和其他很多国家的法律规定，教师有义务估计各种情形下的危险并避免其发生。教师要特别注意训练学生如何面对各种危险，不论危险的大小。学校应在更大范围内采取措施，保证学生的健康成长，这也是学校的中心目标。这些措施包括性教育、禁毒禁烟教育、健康饮食教育、环境教育、道路交通安全教育、自我保护教育和可持续发展教育，以及采用禁止学生间的欺凌行为的各种方法等。

教师应对学生可能遇到的危险作出正确估计，采取合理的预防措施，将风险降到最低。很明显，教师应该消除风险。但是，教师无法让学生完全避开危险，只有帮助他们正确应对危险。有时不得已让学生直面危险，他们才能做出正确的选择。当然，教师应尽量降低风险，以免发生事故。

通常，学生年龄越小，面临危险的可能性就越大。但是，教师需要特别注意的是，在任何年龄段，都有一些孩子对危险不那么敏感。同样，对于残疾学生，也要考虑他们的特殊需要。教师要经常查找所教课程和教学场所可能存在的危险。当带学生外出进行校外活动时，更要特别小心，最好能填一张危险预案表，共分五步进行：

1. 分析可能存在的危险。
2. 确定哪些学生容易遇到什么样的危险。
3. 分析危险性，采取预防措施。

4. 记录下分析结果。

5. 每隔一定时间或每次活动完成后，检查这之前做的预案是否有漏掉的东西。

可参阅的相关章节

第 5 节　如何保护儿童
第 15 节　如何有效执行校纪校规
第 47 节　如何组织外出教学参观
第 54 节　如何营造良好的学习氛围

应对策略

1. 清楚了解课程教学中有潜在的危险。

2. 知道如何降低危险。

3. 让学生知道学校的规章和教室活动的安全条例。

4. 给学生讲解安全条例。

5. 对遵守安全条例的学生进行奖励。

6. 对经常违反安全条例、做事鲁莽的学生进行处罚。

7. 清楚学校安全评价的步骤。

8. 一旦出现事故，就要及时处理。一定要详查事故，并采取措施避免再发生类似事件。做好记录，写上日期并签名。

关于校外活动的安全应对策略：

1. 活动前要实地考察，收集有关信息，便于作出危险性预测。

2. 作出危险性预测，让学校相关人员签字确认。

3. 书面告知家长活动的目的和可能存在的风险，让他们签字同意学生参加活动。

4. 活动前做好准备工作，包括向学生讲解健康和安全规定。

5. 确保有多个成年人参加活动，陪伴学生并承担照顾他们的责任。

6. 陪伴的成年人应清楚校外活动的各项要求，并能严格遵守。

7. 把检查活动的健康性和安全性作为评价活动的一部分。

8. 如果发生事故，尽快记录事故发生的经过，并让相关人员签字确认。

第62节　如何建立学生自我评价机制

我们的教学目标是培养学生成为自主学习者，自我评价就是实现该目标的策略之一。像成年人一样，学生也可以用本书第一部分介绍的方法进行自我评价，只是表格形式不太适合学生。但是让他们反思自己的学习过程很重要。教师可以帮助学生，就他们的学习、行为和动机等方面提出以下问题：

（1）我想提高什么？

（2）我需要改变什么？

（3）我怎样才能改变它？

（4）有效吗？

这个方法以及问题解决过程和最近提出的认知加速策略是一致的，这也是促使学生向更好的方向发展的现行的有效机制。

当教师要求一个学生思考学习质量和他（她）的行为时，他（她）就能意识到此行为的价值和自己需要改进的方面，这个学生在决策方面就前进了一步。一旦学生清楚地认识到自己面临的困难，他们常常先从同龄人那儿寻求帮助，实在解决不了才找教师帮忙。

可参阅的相关章节

本书第一章的内容

第2节　如何培养主动学习能力

第31节　如何培养自主学习能力

第46节　如何激发学生学习动机

第69节　如何建立目标体系

应对策略

1. 在课堂上给学生讲解自我评价的步骤。

2. 让学生有机会评价自己的学习和行为。

3. 鼓励学生思考和进行尝试。

4. 允许学生在某些特定的领域设定自己的目标（如学习制表、拼写、保持书桌整洁、完成作业）。

5. 引入公开的、思考型的讨论。

6. 遇到问题，让学生首先从同龄人那里寻求帮助。
7. 让学生自己设定目标，并反馈目标实现情况。

拓展

自我评价的目的之一就是思考自己知道什么，包括确定自己需要做什么。如果一个学生能自己管理学习的过程，他（她）就是习得了这种有效的学习技能。在1991年，马斯卡姆和其他教师在一些小学建立了自我评价体系。1996年，她在波拉德学校所发表的讲演中提出，把自我评价作为学校的实践将是一个复杂的过程。首先要教会学生怎样以批判又富有建设性的方式来看待自己的学习。根据马斯卡姆的早期论述，学生对设定学习目标的目的和标准不明确。除了教会学生反思学习任务的正确性和质量外，教师还得确定师生间或学生和学生之间的讨论步骤，以保证设定成功的目标和正确的自我评价。在实施自我评价体系一年后，教师在学年末还要向家长汇报此项工作的进展。

教师常用概念地图的方法帮助学生把学过的概念在大脑里“回放”出来。概念地图一旦被填进了内容，就可以帮助学生设定目标，使他们知道学习要求，查找出他们还没有弄懂的地方。

第63节　如何培养学习技巧和学习策略

在教学中，教师更多地强调学生应该知道什么，而同样重要的是，学生应该知道怎样去学习，这在诸如艺术、体育等科目中尤其重要。然而，学习方法这种程序性的知识对其他学科也同样重要，例如，自然科学、地理、英语、数学。在教学中应包含培养学生学习技能和学习策略的目标，这是非常重要的。这些技能也许是实践性的，比如如何使用锯子或量角器；也可能是思考性的，比如如何着手解决问题或评价一个产品。“磨刀不误砍柴工”，讲解学习策略的时间不会白花，因为学生将会把所掌握的技能和策略运用到新知识的学习中。

在英格兰，学生需要掌握的重要技能有：与人交流、数字运用、信息技术、团队协作、提高自己的学习成绩、解决问题的能力等。最近，这些重要技能被列入中学的国家资格考试内容。所有16岁以上学生接受的正式教育都包括了这些重要技能的培养，而这些技能的培养又是建立在小学学过的学习策略的基础上的。

可参阅的相关章节

第 7 节　如何提高课堂语言艺术

第 8 节　如何促进师生学习交流

第 53 节　如何运用问题解决模式

第 72 节　如何培养学生思维技能

应对策略

1. 确定课堂教学目标，提高学生学习技能和策略。

2. 监测学生运用知识的能力。

3. 在课堂上，鼓励学生讨论解决问题、完成任务的方法。

第 64 节　如何培养学生社交能力

学会做一个社会人是重要的。1963 年，发展心理学家埃里克森提供了一个框架，描述了他对个人发展的理解，该框架指出，学生在青春期有一个自立阶段。埃里克森指出，要建立学生的信任感，就得有一个安全稳定的环境。社会能力培养的部分内容是让学生建立性别、民族、道德、公民意识和文化等概念。社交能力的发展与智力、语言、身体技能的发展同步。

社交能力培养中需要特别注意的重大事件是：

1. 6 个月大的婴儿开始对其他婴儿感兴趣，他们彼此对着发笑、发出声音。1 岁时，他们的话语交流就已经有了次序。

2. 1~2 岁大的幼儿一起玩，但各玩各的。他们开始对周围的世界有意识，遵从社会交往的规则，比如：遵循对话中的讲话次序，能表达同情和“妈妈不高兴”、“爸爸生气了”等情感。

3. 3 岁时，幼儿在玩耍中知道合作，并有次序；知道该向谁让步，怎样领导别人。

4. 4 岁大的孩子可以一起玩耍，分享他人的玩具；能辨别他人的地位；时常发生争斗，但很快就忘了。

5. 6 岁大的孩子已经有更多的朋友和对手，玩耍的范围更大，即使没有大人的帮助，他们也能解决争斗和结怨问题。

6. 7~9 岁时，孩子知道如何建立友谊，怎样做才能得到同伴的认可。

7. 到了青春期时，为了得到社会的帮助，朋友关系会变得同家庭关系一样重要，甚至更重要。女孩子会把很多事情告诉她的好友，而不告诉父母。通常，青少年由于共同的兴趣（如音乐、足球、服饰）而形成一个大的群体。同性圈子开始瓦解，异性情侣变得普遍。到青春期末，每个人往往有一个较小的男女朋友圈子。

在学生的发展过程中，教师将起到更大的作用。学校是孩子在家之外的另一个安全的地方，在这个地方，学生可以探索和了解社会。在教室里，教师需要帮助学生了解自己的行为以及自己的行为对别人的影响，并帮助学生培养交友的能力。对某些社会问题的公开讨论将非常有助于这些能力的培养，培养学生果断、自信而不是好斗。

可参阅的相关章节

第 15 节　如何有效执行校纪校规
第 17 节　了解儿童情感发展规律
第 33 节　了解儿童智力发展规律
第 57 节　如何建立良好的师生关系
第 58 节　如何做好教学研究

第 65 节　如何满足特殊教育需要

教师在教学、设计任务时要考虑有特殊教育需求的学生，充分发挥学校教学辅助人员的作用。这些学生通常在学习上会有特别严重、甚至难以克服的困难，可能是智障、感官或身体有缺陷，也可能是听力、视力或行动有困难。由于教学辅助人员了解学生，又有经验，知道并能选择辅助学习材料，通常可以使这些学生的学习成绩得到提高，同时还可以更有效地帮助教师。例如：

1. 一个有视力问题的学生需要 16 开的作业本和高能电灯，才能完成教师给普通学生布置的作业，教学辅助人员需要及时准备好所需的作业本和其他设备。

2. 对一个有听力问题的学生，教师得用扩音器才能让他听见。教学辅助人员可以帮助检查设备，确保学生能听见。

3. 坐在轮椅上的学生往往需要更大的空间，教学辅助人员可以帮助教师布置教室，给有特殊需要的学生腾出空间。

教师要利用一切其他资源，最理想的是经验丰富、效率高的教学辅助人员，如果没有的话，也可以用志愿者、大孩子、同伴、社区服务者等，只要相互配合，他们都可以帮助教师。别忘了，学生家长随时都愿意为自己的孩子提供最好的帮助。

有效帮助那些有情感障碍和行为障碍的学生更为重要。这些学生需要个别教育计划，目的在于短期培训他们的行为，有时这又叫个别行为计划。教师、学生、教学辅助人员要签订协议，确保计划的实施。协议往往从教师和学生认为可以取得进步的方面开始。教师应清楚地说明在某些特定的情形下，学生需要做什么。一旦签订协议，学生应尽快开始学习，完成每天特定的任务。但在一个学生在学习中快控制不了自己的时候，教师可以使用“暂时休息”策略，同意他（她）休息5分钟。

当这些学生的情感障碍和行为障碍比较严重时，不要紧张，要迅速寻找其他的帮助。教师不用离开教室，只需要派一两个可靠的学生去请其他的教师，最好是年长的教师来，因为此时需要一个经验更丰富的教师才能应对一些具有挑战性的行为。而教学辅助人员可以帮助教师应对情况严重、恶习难改的学生。

教师的目的始终是对这些学生实现教育目标，这个目标不是学生本身，而是学生的不良行为，教师只可能改变学生的行为，而不是改变学生。教师要处理有情感障碍和行为障碍学生的问题，需要更多的技能，因为他们比其他学生需要更多的鼓励，只有如此，教师才能逐渐实现目标。

下面是一些教师需要了解的术语，尽管它们并不包括教师将遇到的所有问题，但仍然是有用的。特殊教育协调员会帮教师了解生僻的词汇和一些学生较为古怪的行为。值得教师注意的是，教师不能以偏概全，把影响个别学生的情况推及其他情况，每个学生都有自己应对和克服困难的方法。虽然特殊教育协调员会建议采用对很多学生都适用的方法，但是别指望这些方法每次都管用，教师和同事可能要经过努力才能找到对某一个学生有效的方法。一旦找到，那将是一件令人激动万分的事情。

1. 注意力不集中或多动症

通常有三种行为会妨碍学习——漫不经心、容易冲动、过于活跃。注意力不集中或患有多动症的学生具有不同的个体行为模式，这主要取决于不同的诱因和反应——教师、课程、时段、课前发生的事情，如课间玩耍过于兴奋等。

2. 中度学习障碍

很多学生在一种或所有的重要技能上有困难，这种情况比较多。有些学生学得还可以，但是他们比其他学生需要更多的时间和帮助；另一些学生组织能力差、常迟到、乱穿衣、丢三落四。很多学生有很好的应对策略，有希望被培养成为成功的学习者。

3. 特别学习障碍（包括失读症）

教师可以在一些甚至所有学生身上看到这样的情景：顺序编排能力差，拼写老出错，记忆单词的发音顺序有困难，回忆事情和数字顺序吃力，书写糟糕。对这些学生，如果教师引导得当，他们能克服学习障碍，找到学习的方法和策略。

4. 阿斯伯格综合征

通常被称为自闭症。患有自闭症的学生，只要在学校得到适当的帮助，同样可以学得很好。在小学，他们也许语言能力发展迟缓，存在认知障碍、社会能力缺失、没有兴趣爱好等问题。但是随着时间的推移，有些状况可以得到改善，特别是在教师对这些学生进行了应对策略的培训之后。

5. 运动障碍症

这种障碍常常被描述成笨拙、不灵活。这样的学生在计划自己的生活或学习时，或者按一定顺序进行技巧性、非习惯性的运动时往往有困难。明智的做法是给这些学生更多的时间来完成运动性的任务，就像班上的其他学生一样，他们在完成运动性的任务时也需要教师特别的指导帮助。

可参阅的相关章节

第 6 节　特殊教育需求实施细则

第 14 节　如何实施因材施教

第 30 节　如何实现融合教育

第 36 节　了解学生独特的学习方法

第 56 节　如何做好学生学习档案记录

第 58 节　如何做好教学研究

第 71 节　如何发挥教学团队作用

第 78 节　如何加强与教学相关人员的合作

应对策略

如果教师能肯定地回答下面的问题，那就实现了教师的教学目标：

1. 是否确保了所有的学生都参与了所有课程的学习和活动？

2. 教学计划包括了所有学生的需求吗？

3. 所有的学生都上课了吗？

4. 采用了不同的学习风格和教学方法了吗？比如，在阅读中是否尝试用不需要很多技巧的陈述方法？

5. 教学和活动是否使不同的学生有不同的收获？

6. 是否在给其他学生更复杂和更高要求的任务的同时，给有特殊需求的学生更多的时间来掌握事实和知识？（这些任务的完成不需要新的事实和知识，否则有特殊需求的学生永远都跟不上教学进度。）

7. 是否鼓励所有的学生都思考自己的学习方法，并评价所学的知识？

8. 在计划和备课的过程中，是否合理使用了教辅人员？

9. 是否鼓励了教辅人员与学生一起学习？

10. 是否表扬学生取得的成绩？

11. 是否愿意接受有特殊需求的学生的挑战？

拓展

对于有特殊需求的学生，每个国家都有自己的政策，一些国家是把这些学生送到专门的学校，比如英格兰、威尔士。但是最近的趋势是实行融合教育。融合教育是指有特殊需求的学生和普通学生在同一间教室一起学习，它强调给有特殊需求的学生提供一个正常化的教育环境，而非隔离的环境，在普通班中提供所有的特殊教育和相关服务措施，使特殊教育与普通教育融为一个系统。目前，参与融合教育的有特殊需求的学生的数量在增加。

第 66 节　标准化测试

标准化测试是根据一定的标准进行测试。如果智力测试的标准分是 100 分，用对照表格，将学生们的测试结果进行转化，这就是标准化测试。对照表格考虑了学生的年龄等其他因素。学生参加测试，然后得到一个分数，这是原始分数，用一个公式将它转化成标准分。例如，一个年龄小的学生同一个年龄大的学生得的原始分数一样，年幼学生的标准分就会高些。如果分数或年龄在标准范围之上，这个测试对能力的预测就不可靠。标准化测试可用来比较不同地方的参照组，以及测量学生在不同年龄阶段的知识掌握情况。

可参阅的相关章节

第 25 节　如何做好教学评价
第 58 节　如何做好教学研究

拓展

标准化测试在研究中非常有用，因为标准化测试提供了一个标准，可用来建立基本线，然后学生可以多次测试他们的知识，而类似的测试会给出相同的结果。现在，标准化测试被越来越多地用于测试学生的成绩。

然而，1996 年克罗尔在研究了标准化测试后指出，如果这种测试与年龄相联系，那么单纯地依靠参考标准系统来评价是困难的。针对他的观点，学校和教师开始反思国家课程考试是如何运用标准参考系统的。1996 年，林赛根据学生、学校和社会需要，进一步总结了标准化测试在学校教育中的作用。

第 67 节　如何提高专业水平

在教学中，教师不仅要完全掌握所授课程的知识，而且还要掌握教学法。例如，我们都知道 1 到 10 的数字，但是一旦年幼的学生掌握了从 1 数到 10 的规律，他们就需要知道其他知识，需要知道数量守恒，能识别符号，用一一对应关系数数，能数出一个序列里有多少数，知道数字的先后顺序。这些都是应该教学生掌握的关于 1 到 10 的数字的方方面面的知识。教师应有很强的迁移能力，能把自己的知识转化为语言，成功地教给学生，同时设定相关任务来帮助学生们理解这些知识。

如果教师充满自信，学科知识又渊博，就能给学生们提供准确的信息，回答他们的问题，让学生了解学科的结构和知识的连贯性，帮助学生弄明白模糊不清的概念。教师对这门学科的热情也很容易传递给学生们。

如果有些课程是教师的强项，学生可以从教师的专业知识中受益匪浅。如果所教授的课程不是自己的专长，教师就需要做些研究，或找同事帮忙，仔细作好学年和长期规划。

可参阅的相关章节

第 2 节　如何培养主动学习能力

第 31 节　如何培养自主学习能力

第 44 节　如何制订学期计划

第 58 节　如何做好教学研究

应对策略

1. 研究教师自己不太专业的领域，为学生提供准确和真实的经验。
2. 展示教师对学科的热情。
3. 如果有必要，教师应寻求指导。
4. 对所教的科目要拥有丰富资料。
5. 寻找一些可以提高教学水平的机会，如进修、参加研讨会等。

拓展

对学科知识的精通和兴趣有助于教学，是激发学生学习的强大动力。学生提出的问题会得到教师睿智的回答，教师还可以提供其他教师没有提供过的相关信息，给学生们有趣的补充讲解，这样可以拓展学生的思维，特别能激励优等生。

第 68 节　英国的“确保开端”计划

“确保开端”计划是英国政府发起的一项教育运动，其内容包括：

1. 将 5 岁以下学生的照顾、早期教育、健康、家庭支持服务等进行融合。

2. 政府和准父母、父母、学生共同努力，促进幼儿和青少年身体健康、智力发展及社会发展，解决他们的贫困和与社会的脱离等问题，使他们在家和在学校都能健康成长。

3. 融合所有的教育服务，根据学生和家长的需求，为学生和家庭提供综合服务，如健康、早期教育等法定服务，自愿的、个人的、社区组织的和父母的服务。

最初，这项运动是在英格兰的不发达地区展开的。现在，英国建立了很多“确保开端”计划中心，配有很多儿童设施，家长和学生可以在这里得到帮助和建议。英国政府计划到 2008 年建 2500 个这样的儿童中心。

可参阅的相关章节

第 4 节　了解儿童身体发育规律
第 17 节　了解儿童情感发展规律
第 26 节　基础阶段教育
第 49 节　了解家长职责
第 52 节　英国小学教育政策
第 64 节　如何培养学生社交能力

第 69 节　如何建立目标体系

教学目标是教师进行教学之前根据教材性质和学生条件所预定的目标，即期望经过教学活动后学生在知识、技能及身心等方面产生的改变。学校有不同层次的目标：全班的学习目标、个体的学习目标。教师应和家长、学生一起设定目标，使目标设定成为学生自我评价的一部分。

对教师来说，目标设定是教师教学自我评价系统和职业发展的一部分。当教师建立了评价系统后，目标设定就会更加规范。目标的设定通常以年为单位。

学校也要设定教学目标，并在学校发展计划中体现出来。地方政府设定关键阶段考试要达到的目标，促使全国的各所学校提高教学水平。学校要充分利用教学检查，因为教学检查反馈的信息有利于学校确定切实可行的教学目标。

可参阅的相关章节

第 25 节　如何做好教学评价
第 70 节　了解教师聘用的相关信息

应对策略

1. 制订清楚的长期、中期、短期计划，监控学生的成绩。

2. 留出时间和某个学生制订个别计划，并保证有时间执行计划。
3. 鼓励学生评价自己所做的和下一步将要做的事情。
4. 清楚国家和地方对学校的目标要求，使课堂教学目标与其保持一致。
5. 设定教师自己的教学目标。

拓展

目标设定系统需要时间来保持，特别是个性化的目标。设立个性化目标是满足学生个体需求的有效方法。多数这类学习任务是由学生自己完成，所以在设定个性化目标时，应与学生合作，教师同样需要知道怎样才能实现目标。好的目标设定应具有针对性、统一性、可测性、现实性、时间性等特点。

1991 年，马斯卡姆深刻地论述了建立自我评价和目标设定的意义，她认为自我选择目标和成为自主学习者有联系，学生参与目标设定意义重大。2001 年，史密斯阐述了成功设定目标的过程，共分五步：确定时间界限、考虑未来可能的影响因素、形成设定模板、巩固目标设定、确认目标设定。

运行目标设定系统最关键的一点是确定怎样监控已经达到的目标，这需要教师规划中期、短期策略。如果不进行目标设定，教学就失去了动力，教学系统将失效。不管学生学习独立性有多强，教师都应参与目标设定。

第 70 节　了解教师聘用的相关信息

英格兰和威尔士每年都会审核教师聘用条件。教师的工资结构是由法律规定的，每年会自动增长，校长、董事有越来越多的决定权，学校有关于工资和任课条件的政策和文件。教师的工作包括达到学校对教师的要求，担负教师的职业责任，完成具体任务，这些工作会定期检查和更新。在英格兰，教师每年工作 195 天，其中有 5 天是参加培训。此外，补充条款明确规定了教师应工作多少小时，因为教师应有效履行职业职责，所以多数教师每周的工作时间远远超过 36 小时。教师的职业职责包括教学、备课、评定成绩、写成绩报告单。教师上课的对象和地点由校长决定。

教师还被要求要不断学习，做一个终身学习者，不断提高自己的教学水平，在教学中不断确定新的目标。在英格兰和威尔士，一个取得教师职业资格的新教师，首先要达到《职业准入发展纲要》所设定的目标。在多数教育系统中，教学经验丰富者的收入将得到提高，这体现在教师每两年一轮的职业规划中。

教师工作会一直受到检查，你刚开始时也许会觉得有点紧张，但很快就能适应。学校和其他部门也会定期检查教师的教学效果和方法，检查结果会影响教师今后的职业发展。除了同行会给予评价外，还有地方巡视员和教育部门的巡视员将对教师的工作给予评价。检查的结果要作为地方和国家教育责任和质量体系的一部分，也是评价学校的依据。

可参阅的相关章节

第 8 节　如何促进师生学习交流
第 15 节　如何有效执行校纪校规
第 58 节　如何做好教学研究
第 61 节　如何做好学生安全保护工作
第 71 节　如何发挥教学团队作用
第 76 节　如何培养学生正确的道德价值观
第 78 节　如何加强与教学相关人员的合作

应对策略

1. 对自己所教的所有学生都要充满信心——希望他们学得好，有所成就。

2. 清楚自己的职业责任和同事对你的期望，并全心全意地去完成。

3. 在接受工作前，确定工资和其他条件符合自己的要求，确定工作是否有利于自己的职业发展，是否拥有更多的机会和支持。

4. 全面准备，迎接检查。

5. 为自己的发展确定切实可行的目标，这个目标应考虑学校的目标重点。

6. 接受职业继续教育，参加有利于提高教学水平的活动。

拓展

除了考虑工资和其他条件外，教师还应清楚自己从事的是什么样的教学工作，并了解具体要求。教师期望学生优秀，就意味着自己也应做到优秀。教师的优秀应体现在努力帮助学生全面提高学习成绩，尊重和处理学生的个体差异、基础差异等方面。如何对待学生、与同事相处、支持合作者、家长和其他人，都将显示教师对自己职责的理解。作为教师，应学习很多东西，发扬优点，改正缺点，遵从法律所规定的准则。

第 71 节　如何发挥教学团队作用

教师的教学往往需要和同事合作，组成教学团队，共同承担学校课程和研究教学计划，以及集体备课。同事可以协助解决一些学生的学习障碍问题，教学经验丰富的同事可以帮助优等生设定学习目标。学校作为一个整体，高级教师也希望得到其他教师的支持和理解。教师可以发挥自己的专业优势，和其他教师一起解决学校课程领域的问题。他们应对班上的学生负责，不仅要报告学生出现的问题，还要与同事分享学生的成功。教师还应学会和学校其他成年人以及与学生利益有密切联系的成年人接触和共事，如生活老师、教辅人员和志愿者，以培养自己的领导能力。

可参阅的相关章节

第 9 节　如何加强家校联系
第 70 节　了解教师聘用的相关信息
第 78 节　如何加强与教学相关人员的合作

应对策略

作为教学团队中的一员，教师应做到：

1. 了解自己的素质，发挥优点，改正不足。

2. 处事要灵活。偶尔让辅导人员帮助自己管理其他班级，有时可以多管理几个学生，但当出现新情况时，少管理几个学生也是可以的。

3. 富有同情心是一种真正的优点，要学会换位思考，听弦外之音。在办公室，在年级会上，都要从他人的角度出发思考问题。

4. 要积极参与任务。评价自己和别人时，应首先考虑自己做了什么，而不是别人做了什么。必须尽力诚恳地工作，力争做得最好。

5. 要自信、果断。选择恰当的词告诉别人让自己烦恼的原因。例如，“我做……的时候，我发现一个问题。我们能找到解决办法吗?”

6. 接受感谢时，要谦虚。

7. 保持幽默感。虽然幽默不是万能的，但有时确实可以帮助教师。

8. 了解学校运行、管理机制，所面临的挑战和董事们应对挑战的计划。

9. 参加会议，阅读通告和电子邮件，即使开始时收获不大，也要坚持。

10. 参与办公室同事间的说笑和谈话。当有很多事情要忙的时候，你或许很想待在自己的教室，但是如果想真正融入学校，最好去办公室，多认识同事，也让别人认识你。当然，要特别注意办公室里那些愤世嫉俗的人，他们往往很吸引同伴，说话风趣、尖锐，但他们的议论也会降低士气。

拓展

作为教学团队的成员，教师可以在日常教学和职业规划中得到同事帮助，但是，同事也希望你承担更多的责任。也许在走上工作岗位的第二年，课程职责或自己在学校里的角色变换会促使教师开始思考如何承担更大的责任：与家长和志愿者一起教学，当董事会的教师代表，加入工会或专业协会等。有些时候，教师可以考虑换一个学校，与不同的教学团队一起工作，这将获得更多的经验。

第 72 节　如何培养学生思维技能

随着技术进步，社会需求发生了变化，信息获取更容易，这些都给教学带来了微妙的变化。现在就应要求学生掌握新技术，培养解决问题的能力和决断力。如今，知识和技能并重的局面发生了倾斜，教师更应注意技能教育，特别是解决问题的技能和思考技能。在努力提高学生成绩的过程中，大家在探索有效学习的不同方法，希望打开学习的大门。最近，人们用思维和认知的研究成果来为学生们创造了更好的学习环境，特别令人激动的是，这个曾经是心理学家研究范畴的工作如今正与实际的课堂教学联系在一起，并取得了有意义的成果。

可参阅的相关章节

第 1 节　如何培养优等生

第 2 节　如何培养主动学习能力

第 31 节　如何培养自主学习能力

第 36 节　了解学生独特的学习方法

第 53 节　如何运用问题解决模式

第 69 节　如何建立目标体系

应对策略

1. 同学生一起讨论完成作业的方法。
2. 改善问题解决策略。
3. 让学生设定学习目标。
4. 确定学生知道并理解学习目标及其实现途径。
5. 让学生们思考自己使用的思维策略。
6. 鼓励学生讨论解决问题的方法。

拓展

元认知就是一个人对自己认知过程的认知。具体而言，它是关于个人认知过程的知识以及调节这些过程的能力，是对思维和学习活动的知识和控制力。思维技巧长期以来都是人们研究的课题，伦敦大学皇家学院研究的两个课题一直引起人们的极大兴趣。他们分别是阿迪于 1988 年提出的“科学教育中的认知加速”和阿扎米等人于 1997 年提出的“数学教育中的认知加速”。认知加速这个术语用来描述加快学生们学习能力的过程。该研究的假设是，通过教学生理解学习方法，训练他们解决问题的策略，使学生能更有效地学习，取得更好的成绩。根据皮亚杰对问题解决法的两项研究，其结论令人鼓舞：学生的学习成绩提高了。现在，学生非常喜欢把元认知技巧运用到其他课程上。元认知技巧要求学生在学习中要有意识地思考学习的过程和所用的策略。

2001 年，史密斯论述了“极桥法”（Pole-Bridging），也就是在完成学习任务的过程中，尽量多用大脑，大声说出学习者在做的事情，比如自语、记笔记、思考和假设情景。这些都是在整个课堂上常用的思考形式。史密斯在论文中接着介绍了最近的研究，即大脑运行原理和怎样利用这个原理来延伸课堂学习环境。

第 73 节　如何合理安排工作时间

教学是一个要求很高的职业，合理、有效地安排时间是非常重要的。教师很容易被要求去承担没办法应付的过多的工作。遇到这种情况，最好是有礼貌、坚决地拒绝，因为即使教师接受这些工作也没有时间把它们做好。确定自己的工作极限，并坚持自己的立场，这就要很好地安排时间，避免使自己或其他人感到有压力；教师在校外应有自己的自由空间，远离学校的工作。晚上，教师可以规定一个远离工作的时间，或安排一些日常娱乐活动；当开始工作的时候，就要准时开始，限定完成任务的时间。如果没有严格的计划，就会浪费时间。

提前做好计划是一个合理安排时间的方法。只有提前做计划，教师才有属于自己的时间。在制订计划时，要避免重复。可采用关键词和提纲，尽量使用以前的计划和教材里恰当的观点。记录要有效、目的要明确，选择相应的信息。这样，到每学年末就可以形成一个有用的信息系统。

上述的很多方法可以运用到课堂上去管理学生。教师不仅需要合理安排时间，还应该要求学生也这么做，让他们养成合理安排时间的习惯，如及时开始，知道任务限定的时间等。教师还应让学生评价自己的学习情况，例如："你认为自己需要多少时间才能完成任务?""怎样着手解决问题?"对于完成任务出色的学生，要给予奖励：发给小五星，奖励小礼品，加操行分，给其选择活动的自由，增加玩耍时间等。

可参阅的相关章节

第 8 节　如何促进师生学习交流
第 31 节　如何培养自主学习能力
第 42 节　如何制订学年计划
第 44 节　如何制订学期计划
第 60 节　如何有效利用奖励机制
第 71 节　如何发挥教学团队作用
第 78 节　如何加强与教学相关人员的合作

应对策略

1. 让学生了解开始和完成任务的时间以及教师对他们的期望。
2. 尽量提前制订计划。
3. 每天留出可以自己自由支配的时间。
4. 对学生和自己取得的成绩进行奖励。

拓展

1994 年，波拉德等人研究了小学生的课堂学习过程，发现学生是“任务兴趣型”的，他们会花 20％的时间来等待教师的指令和安排，用 20％的时间让思想开小差。大多数小学生把 65％～75％的课堂时间花在任务或与任务相关的活动上。这些数据留给研究者的问题是：“这种以任务为中心的教育方式是否真正有效？”

第 74 节　如何合理安排课堂时间

课堂时间的安排包括安排合适的完成任务的时间。教师应做到在规定的时间内完成教学，有很强的时间感，能根据学生是否集中注意力而决定停止或继续教学。

每隔一定时间看看表，就会建立一种“时间流逝”的意识。下课后要检查一下教学是否按计划进行。教学是否按计划进行取决于教师对时间的估计、所写的课堂计划和课堂每个环节的预计时间。对中期计划的修订，要使之符合学生的节奏。慢慢地，教师就能判断完成任务所需的时间和学生集中注意力的程度。

无论课堂教学进行得好或坏，都要修订课堂时间安排。如果学生坐立不安或难以集中注意力，最好还是继续上课。（因为在刮风的日子、星期五下午、学校的娱乐活动都会挑战学生们的注意力！）如果学生有兴趣，可以延长课堂时间。

不断地超时会破坏课堂时间分配的平衡，最后会导致教师没有时间总结课堂内容，而总结又是课堂重要的组成部分，因为这可以使学生再次明确学习目的。同样，还要注意听和练的时间分配平衡。如果教师讲解时间过长，留给学生练习、巩固和记忆的时间就会减少。

可参阅的相关章节

第 35 节　如何设置教学目标
第 48 节　如何掌握教学节奏
第 73 节　如何合理安排工作时间

应对策略

1. 检查完成任务的时间，修正学年、学期计划。
2. 在课堂计划中写下完成教学任务的预计时间。
3. 确保课堂教学的各个环节没有遗漏。
4. 平衡课堂内学生听课、反应和完成教学任务的时间。

第75节　如何提高课堂过渡艺术

过渡是课堂的组成部分，是指学生从一个活动转移到另一个活动。过渡往往发生在要求整个班的学生进入教室或离开教室，在全班活动与小组活动之间转换，或他们各自完成了一项任务，要求他们继续下一个任务时。在这些情况下，可能有一些学生的表现不佳，不想参加下一个任务，这就需要教师严格的管理，明确告诉学生自己对他们的期望和要求，使他们明白该做什么，不该做什么。当学生没按要求做的时候，教师就容易处理，因为他们清楚地知道自己错了。教师的目标是把教室建成一个有明确目标、有序活动的环境，这需要学生的自我控制，而不是靠教师像警察指挥交通一样的管理。不同学生在教室里自我控制的能力有差异，这就需要教师创造机会来训练学生的自控能力，鼓励和表扬做得好的学生。当然，教师需要一开始就立下规矩，以便以后的管理。

例如，在清理活动场所时，教师应给学生指定一个特定的地方，让他们“完成绘画任务后，坐到地毯上”。但这还不能够保证学生老实地遵守教师的指令，因为绘画的时间很长，先完成的学生坐在地毯上会没事可干，显得很不耐烦。如果学生知道如果自己动作太慢就会错过新的活动，学生动作就会快些。所以在等待最后一个学生完成绘画时，教师可以给先完成任务的学生讲故事或猜谜语。

可参阅的相关章节

第15节　如何有效执行校纪校规
第23节　如何提高课堂讲解艺术
第32节　如何设置课堂指令
第74节　如何合理安排课堂时间

应对策略

1. 保证学生有序地进入或离开教室。

2. 在任务开始和结束时，让学生清楚地知道任务结束后应到哪里去。

3. 确保课前布置好教学场所和放置好教学用具。

4. 为最早完成任务的学生设计好拓展任务。

5. 如果学生完成任务的时间早晚不一，要让早完成任务的学生知道完成任务后做什么。

6. 当动作最慢的学生完成任务后，准备另一个活动让他们参加。

7. 如果无法让整个班一起行动，就分组进行。

拓展

教学中最初的过渡是指教师通过管理班级，创造一个有序的环境。而如今，其意义已经发生了变化。学生希望任务有意义，他们希望自己像目标明确的成年人那样，在教室里积极参与活动和完成任务，而不是时刻仔细观察教师是否注意到他们。一旦教师的注意力转向其他地方或其他学生，他们就有不良表现。教师应让学生学会自我约束，给能干的学生更多的机会来管理自己的学习，对于自我控制能力差的学生，在小组活动中，偶尔可以让同伴增加他们的压力，使他们遵守纪律。克罗尔、黑斯廷斯和莫伊尔斯在 1995 年和 1996 年促进了教室活动章程的设立。1998 年，拉斯利特和史密斯更明确地提出了教室管理的四条规则。

第 76 节　如何培养学生正确的道德价值观

教师的价值观会反映在自己的职业职责里。如果教师希望所有的学生都取得成功，那教师就得先了解自己、学生和教育体制。教师可以回答下面几个问题来检查一下自己的价值观：你珍惜什么？怎样使自己珍惜的东西与社会对你的期望一致？如果教师认为诚实很重要，怎样使之与家庭、社区和学校对自己的期望一致？诚实并不是绝对的，从一定意义上来说，诚实等于知道在什么时候讲真话，在什么时候保持沉默。要作出道德判断并不太容易。有些时候，教师希望自己在做“正确的事情”。例如，一个学生把颜料扔到地上，干扰了课堂，应受到处罚。但是，如果一个学生不小心弄洒了颜料，就不应受到处罚。教师营造的公正、公平的氛围就是教师价值观和道德观的体现，会极大地影响学生的价值观和行为。

可参阅的相关章节

第 3 节　如何应对学生中的欺凌行为
第 12 节　如何应对文化差异
第 15 节　如何有效执行校纪校规
第 17 节　了解儿童情感发展规律
第 19 节　如何实现教育公平
第 20 节　如何应对民族差异
第 21 节　如何评价课堂教学
第 49 节　了解家长职责
第 57 节　如何建立良好的师生关系
第 58 节　如何做好教学研究
第 64 节　如何培养学生社交能力
第 70 节　了解教师聘用的相关信息

应对策略

1. 教师应掌握的应用策略的一些基本原则：

(1) 了解学生的社会、情感的发展范围。

(2) 培养学生正确的是非观。

(3) 尊重并正确处理文化、家庭和社会的差异。

(4) 理解有些学生的是非观与教师不同。

(5) 在课堂上，要明确什么行为可以被接受，什么行为不可被接受。

2. 在处理师生关系时，教师要做到：

(1) 对学生提出更高的行为标准，并一起实现。

(2) 通过全班一对一的，或小组讨论等形式，和学生一起研究道德的含义，并达成共识。

(3) 公平并不意味着用同样的方法对待每一个学生。

(4) 平易近人并不意味着学生是你的朋友。

(5) 做事公正，要意识到每个学生的起点不一样。

(6) 奖励和处罚因人而异。

拓展

教师在向学生传授什么是正确的价值观，以及在班里树立正确的道德意识时，应考虑学生的道德、情感和社会发展，以提高学生对自己和社会作出正确判断的能力。教师要创造这样的一种氛围：挑战别人的观点是对的，接受差异是正常的，可以探索关于社会公平的观点。要树立这种鲜明又有包容性的道德意识是不容易的，会有冲突发生。教师要公正地对待学生，小心地树立自己的荣誉感。学生希望教师有权威，但他们也希望教师尊重和重视他们的观点和意见，特别是在与社会可接受的准则有分歧时教师更要尊重他们的意见。

第77节　如何提高班集体教学艺术

海·麦克博在2000年出具的报告里说明：威信高的教师就是对全班发出很多直接指令，再加上有效地组织个体和小组活动的教师。这个报告对师生间的互动给予很高的评价。班集体教学要考虑所有的学生，因材施教，让所有的学生都参与进来。学生的能力差异对教师而言是个挑战，有些学生可以轻松完成任务，而另一些学生却要花更多的时间。所以课堂任务的设计应保证人人都会做，但也要有区别，对完成任务快的学生要给予他们有挑战性的任务。要充分调动辅导教师的积极性，精心计划和准备课堂教学。

可参阅的相关章节

第13节　如何提高课堂示范艺术
第14节　如何实施因材施教
第15节　如何有效执行校纪校规
第23节　如何提高课堂讲解艺术
第28节　如何实施小组教学
第31节　如何培养自主学习能力
第32节　如何设置课堂指令
第36节　了解学生独特的学习方法
第48节　如何掌握教学节奏
第55节　如何提高问答教学法艺术

第 75 节　如何提高课堂过渡艺术
第 78 节　如何加强与教学相关人员的合作

应对策略

1. 运用各种教学策略。
2. 教学活动必须符合教学目的。
3. 给学生清晰的指令、准确的示范和解释，精心设计提问。
4. 在课堂上，要能发现学生从教师的讲解中获得了什么新知识。
5. 使用精心挑选的例子、个案研究和其他的活动，让学生进行探究性学习。
6. 因材施教。比如：教师要有针对少数优等生的教学方法，也要有针对学习有困难的学生和其他所有学生的方法，关键是要满足每个学生的需求。

拓展

班集体教学要建立在教师和学生互动的基础上，而互动的效果取决于相互的尊重和信任。要想使班集体教学达到最佳效果，教师必须激发学生的学习热情，培养他们更高水平的逻辑思维，将教学问题的设计与学生的能力紧密结合，使用开放式问题，要求学生解释自己提供的答案。教师还要使教学保持新鲜感。例如，在班集体教学中，教师可以用相似的方法，但偶尔可以用不同的方法，给学生带来惊奇。

值得注意的是，班集体教学是普遍使用的教学方法，但并不是普遍认为成功的教学法。教学效果好的教师还会用个体教学法、小组教学法。找到适合教师所教班级的教与学方法的平衡点，就达到目标了。

第 78 节　如何加强与教学相关人员的合作

课堂时间是从教师进入教室，关上门，开始教学起计算。但是教师可以同其他教学相关人员共同承担教育学生的责任，至少在某些时候，教师可以定期与辅导教师研讨教学问题，同时，信息技术人员、生活管理员、门卫、清洁工、维修人员和学校办公室工作人员等都是教师的教学合作伙伴，教师要和他们保持联系。例如，信息技术人员应精通学校的信息系统，知道哪些是适合学生使用的软件和如何让学生利用信息技术促进学习。

辅导教师应是教师最好的帮手，两者的关系非常重要。在教室里，辅导教师希望教师清楚了解他们的任务和作用，同时尊重他们的专业知识。有些辅导教师受过培训，有丰富的经验。现代教育发展的趋势要求辅导教师有职业资格证书，有自己的职业发展规划，这样才能有效地帮助教师教导学生。例如，他们可以帮教师辅导学生学习外语，满足学生的特殊教育需求。在幼儿园，辅导教师专门帮助教师组织适合孩子们参加的游戏，这是他们的专业。

与教师和他们的合作者的关系一样，这些教学合作者与学生、家长的关系也是十分重要的。因为教学合作者所处的地位不一样，他们对学生的理解不同，因此他们的看法可以帮助教师作出正确的决定。当然，教师还要意识到一点：某些教学领域的信息是不方便公开的，这可能与教师希望与教学合作者建立坦诚关系有矛盾。

为了最好地利用教学时间和得到教学合作伙伴的最大帮助，教师应制订好教学计划，让他们全程参与和辅助教学。在班集体教学中，辅导教师需要做些什么？教师在向学生讲解或提问时，他们起什么作用？这些都可以和他们讨论。

可参阅的相关章节

第 70 节　了解教师聘用的相关信息

第 71 节　如何发挥教学团队作用

应对策略

教师对教学合作者应做到如下几点：

1. 明确提出要求，指导他们怎样帮助你的教学。
2. 证明你充分利用了他们的时间。
3. 告诉他们要做哪些事情，以书面的形式告知他们。
4. 给他们教学材料。
5. 要求他们反馈。
6. 对他们的帮助表示感谢。
7. 在计划、管理和评价学生时，都要把他们的意见考虑进去。
8. 就教学的环节和步骤达成一致，确保他们教育学生的方法与你相似。
9. 在解决问题和作决定的时候，要把他们的意见考虑进去。同他们一起分析、思考可能的解决方法，决定采取的措施，并作出评价。

10. 认可并尊重他们的专业知识。
11. 尽你所能满足他们的培训要求。
12. 给他们自主选择工作的机会。

拓展

教师的合作伙伴还包括其他部门的社会工作者、教育心理学家、教育专家、护士、医生、牙医、考试监考员、校车司机、厨师、警察等。教师可以从他们那儿得到帮助。很多学校有志愿者、家长、关心下一代的人和来自社区、当地企业、运动队的人在支持教育，他们都可以帮助教师。特别要注意的是，教师应找到一个可以既尊重这些合作伙伴，又能充分利用他们时间的方法。有时，给他们具有重要教育意义的任务，例如，帮助学生掌握通过计算机或听播音员播音来写作的技巧，但这些合作伙伴需要教师的指导才能有效完成任务。

在1989年，托马斯指出，在教学合作中有些领域有可能产生问题，比如职责不明。有时对一些人来说，甚至学生自己也搞不清“谁是教师”。在教学合作中应避免无意识的相互干扰或相似的任务。清楚地规定职业范围、教学方式和矛盾处理策略都有利于积极的合作。正如在课堂上学生应清楚地知道谁该干什么一样，在合作中，教师也应了解其合作者的才智和思考发挥他们才能的最佳方法。